I0790462

El imaginario del vampiro en la narrativa venezolana

José Vicente Castillo

Historia y evolución del vampiro y los seres vampíricos en los mitos, leyendas y literatura.

José Vicente Castillo

El imaginario del vampiro
en la narrativa venezolana

Historia y evolución del vampiro y los seres
vampíricos en los mitos, leyendas y literatura.

© José Vicente Castillo
https://www.facebook.com/people/Jos%C3%A9-Vicente-Castillo/100012346990937
E-mail: josevc7@gmail.com
ISBN: 978-1-67803-110-7
Primera edición: marzo 2020

Para esta edición
© Dualidad 101 217
www.dualidad101217.com
 © Silvio Rodríguez Carrillo
silvio@dualidad101217.com
NIT 188318021
Calle Totaqui Este Nro. 7
Santa Cruz de la Sierra
Bolivia

Diseño de cubierta: Bruno Rodríguez Adorno
Imagen de portada: Donovan Reeves
Imagen de contraportada: Diane Helentjaris

Todos los derechos reservados. Esta publicación no puede ser reproducida, ni en todo ni en parte, ni registrada en o transmitida por un sistema de recuperación de información, en ninguna forma ni por ningún medio, sea mecánico, fotoquímico, electrónico, magnético, electroóptico, por fotocopia o cualquier otro, sin el permiso previo por escrito del autor.

*En memoria de mi papá, Luis José Castillo; de mi hermano
Reinaldo; de mis abuelos Andrés Rivera, Dina García de Rivera, y
Ligia Hidalgo de Castillo; y de la señora Ramona Rodríguez de
Quintero, y de mi gran amiga Yulimar Mishel Rivero.*

Siempre estarán en mi corazón.

Agradecimientos

Este libro no hubiera sido posible sin el apoyo espiritual, material, y el cariño de mi mamá Eunice y de mis hermanos Evelia, Licy, Juan José, Andrés y Ligdina. Nada como el sosiego de la familia.

A mis sobrinos Luis Mariano y Juan Andrés, quiero agradecerles por escucharme y entenderme con entusiasmo y complicidad. Y a los más pequeños: Elizabeth y Miguel Eduardo, por recordarme siempre el asombro ante las cosas tenebrosas.

Debo agradecer muy especialmente a Francisco Díaz y a Silvio Rodríguez Carrillo. El primero guió y orientó esta investigación. Sin su concurso intelectual y su amistad difícilmente hubiese podido concluir este trabajo. Al segundo por sus observaciones, enseñanzas, correcciones, y sobre todo por su confianza en mí y su trabajo para la publicación de esta obra. Gracias.

También, a la familia Quintero Rodríguez por admitirme con cariño bajo su cobijo.

Igualmente, es incalculable el respaldo, la compañía, el apoyo y los consejos de mis amigas y amigos Jenny Araujo, Adriana Avendaño, Karelyn Buenaño, Olivia de Esser, Marien Kaeffer Weiss, Graciela Lombardo, Jairo Hernández, Johnnathan López, Javier Pérez y Ricardo Pozzobon. Todos aportaron en distintos momentos y maneras para este trabajo.

Finalmente, mi más profundo agradecimiento por todo su amor, paciencia, y lealtad es para Bahioleth, mi compañera, mi fuerza y mi inspiración durante la realización de esta investigación. Para ella, todo mi amor y mi gratitud.

José Vicente Castillo

Presentación

¿Qué determina que un relato sea o no de vampiros?

El propósito de esta reflexión es acercarnos los elementos que caracterizan al *no muerto* en la literatura. A partir de allí explorar un conjunto de obras venezolanas y proponer una caracterización para el estudio de estos personajes, además de un corpus de textos venezolanos referentes a dicha temática.

Se plantea entonces un Capítulo I que abordará los orígenes del vampiro desde los seres vampíricos de la Antigüedad hasta el no muerto de las leyendas medievales.

Un Capítulo II que estudiará el desarrollo del personaje en la literatura. Allí encontraremos una propuesta de evolución cronológica y una serie de características que sirvan como patrón de análisis.

Un Capítulo III donde se revisan textos venezolanos –un mito indígena, cinco cuentos y una novela– que reúnen las peculiaridades propuestas. Es la presencia o no de determinados componentes y la manera en que se relacionan lo que estipula si estamos ante un relato de vampiros.

Para finalizar, las conclusiones de esta reflexión.

José Vicente Castillo

Introducción

¿Qué es el *imaginario*?

Fina y suave, glacial, su piel conserva siempre la misma palidez por más sangre que sorba. Sólo sus blancos colmillos brillan sobre sus labios rojos y sensuales. Sus uñas, curvadas como las de un ave rapaz, están siempre sucias de sangre coagulada, y su aliento, "horriblemente fétido, exhala un pestilente hedor a carne corrompida". Otro rasgo que los distingue es el color de sus cabellos, pues siempre es pelirrojo, lo mismo que los tres malvados paradigmáticos: Caín, Tifón y Judas Iscariote. Dotado de una fuerza tan colosal que le permite levantar cada noche la pesada losa de su sepulcro, su acerada mirada le permite ver en la oscuridad, y sus alas le hacen volar como el viento y le llevan con toda celeridad a los más apartados lugares, cometer sus fechorías en su envoltura casi invisible, y estar de regreso en su tumba antes de que el gallo cante tres veces anunciando el alba.

Vampirismo y Licantropía

Ramón Hervás

Desde los tiempos más remotos el hombre fue agrupando sus creencias, inquietudes y ensueños en diversas formas de expresión. Los mitos nos hablan de sus primigenias imaginaciones, de una cotidianidad poblada de seres y poderes de la más variada índole. Remo Ceserani, en su *Introducción a los estudios literarios* (2004) señala que *"Ni una sola de las sociedades que conocemos históricamente ha querido o sabido prescindir jamás de una amplia producción y consumo, bajo muy distintas formas, de textos destinados a constituir o incrementar su imaginario"* (p. 25).

Esa "producción" de la que nos habla Ceserani abarca todo aquello creado por la fantasía del hombre. Las realidades más concretas, vistas desde la retina de los pueblos, hasta las abstracciones más inusuales forman parte de esa herencia y ese presente inmaterial que continuamente creamos y recreamos. Jorge Belinsky (2007) en su texto *Lo imaginario: un estudio,* nos dice lo siguiente sobre el imaginario:

> El término "imaginario", en cambio, derivado del latín *imaginarius*, se introduce en las lenguas romances a fines del siglo XV con valor de adjetivo y significado de "irreal o ficticio". Su utilización como sustantivo es reciente y significa "dominio de la imaginación". Con este deslizamiento, la imaginación como facultad se contrapone con la imaginación como ámbito, y la historia de ambos se confunde con la del pensamiento occidental, ya que el concepto se remonta a Platón y Aristóteles; y en ambos tiene una función mediadora (2007, p. 13).

Es el imaginario el recinto creado por la fantasía donde los sueños del hombre y de los pueblos tienen su esfera y su morada. Jorge Luis Borges, en el prólogo de *El libro de los seres imaginarios* (1980), argumenta de esta manera el título de esa obra:

> El nombre de este libro justificaría la inclusión del príncipe Hamlet, del punto, de la línea, de la superficie, del hipercubo, de todas las palabras genéricas y, tal vez, de cada uno de nosotros y de la divinidad. En suma, casi del universo. Nos hemos atenido, sin embargo, a lo que inmediatamente sugiere la locución «seres imaginarios», hemos compilado un manual de los extraños entes que ha engendrado, a lo largo del tiempo y del espacio, la fantasía de los hombres (p. 5).

Muchas de esas creencias, de esas creaciones, son de una antigüedad que escapa a nuestros cálculos. Desde la prehistoria los pueblos han construido universos y cosmovisiones tan distintas y parecidas como diferencias y semejanzas puede haber entre individuos. Sobre esto nos apunta Remo Ceserani:

> Esto es cierto hasta para las sociedades más antiguas y primitivas: los hombres que vivían en las cavernas, aun teniendo que trabajar duramente y durante muchas horas para asegurarse su subsistencia y defenderse de sus enemigos y de la intemperie, encontraban tiempo para representar su vida, sus alegrías y angustias, en un relato, un canto o danza, para dibujarse a sí mismos sobre las paredes de las cavernas, o bien para pintar sus actividades o sus proyecciones simbólicas y fantásticas, con representaciones que en ocasiones se nos antojan extremadamente elaboradas, sabrosamente coherentes y eficaces, e increíblemente modernas (2004, p. 25).

Y es en medio de esas etapas míticas y de leyenda del imaginario de los pueblos donde surge el vampiro. A medio camino entre la vida y la muerte, sediento de sangre y habitante de la noche, el *nosferatu* siembra el mal dondequiera que aparece. Huye de los rayos del sol y de determinados símbolos. Cambia de forma, con preferencia a animales relacionados con la oscuridad. Gobierna sobre los elementos, sobre animales pequeños y voluntades débiles. Sus víctimas siempre oscilan entre el terror y la atracción que sienten hacia él.

Así, como la epidemia que lo acompaña, el vampiro extendió sus dominios en varias culturas. *Lilit, Lamia, Empusa, brucolaco, utuq, strix, dragón, piuchén*, son seres distintos que tienen en común el consumo de sangre. Muchos pueblos tuvieron sus "seres vampíricos". Estos han caminado a través de los siglos y de muchas creencias, pero el vampiro recorrió su propio sendero en la literatura. Distintos autores vislumbraron a estos seres que, ni vivos ni muertos, consumían la sangre de los vivos para mantener su fuerza vital. Habitantes de lugares desolados, de la noche y la soledad, y perpetuamente acompañados de la peste.

El *no muerto* ha llegado entonces a nuestros días luego de transitar miles de años en mitos, leyendas, escritos y de manera más reciente el cine y otras formas de expresión. Constantemente re-imaginado, el ente seguirá poblando las ficciones de los hombres. Un mundo de oscuras quimeras sedientas de sangre que esperan el crepúsculo para emerger. Un cosmos de caóticas imágenes, de cuerpos fríos y semblantes pálidos de los que sobresalen agudos incisivos. Un universo existente sólo en nuestra imaginación, en nuestros temores y en nuestras fantasías.

José Vicente Castillo

Capítulo I

Orígenes del vampiro: del mito a la literatura

La leyenda es inacabable. Pero ésta, sin duda alguna, está vinculada con el arquetipo que la originó. A partir de la sangre como líquido vital, todo era posible para el hombre primitivo. La sangre era lo contrario de la muerte. Y tenerla como manantial inextinguible, era el triunfo sobre ella. El arquetipo sobrevive ahora a través de ciertas significaciones no estudiadas aún por los psicólogos.

Drácula, el vampirismo y Bram Stoker

Juan Jacobo Bajarlía

La sangre para el hombre de la Antigüedad

¿Qué es la sangre? A los ojos del hombre de la Antigüedad, era un líquido mágico. Había en ella fertilidad, fuerza y vitalidad. A través de la menstruación indicaba el momento en que una joven estaba lista para concebir. La había en la cópula con las hembras primerizas y también en el parto o cubriendo al recién nacido. La sangre era la fertilidad.

También del cuerpo del varón, de la herida en un guerrero, cazador, prisionero de guerra o víctima de sacrificio, brotaba el rojo líquido. Mientras manaba caliente el organismo se debilitaba y los ojos se entrecerraban. Se apagaban los gritos y ya no había resistencia. A medida que el hombre languidecía, también el flujo purpureo. Cuando finalmente sucumbía, el manantial interno se secaba y el cadáver se endurecía y enfriaba. La sangre era la fuerza y la vida.

La sangre se encontraba en los seres vivos de tierra y aire. Aves, bestias, animales de cría o domésticos la tenían. Era distinta en los insectos. Quizás por eso la asociación que entre demonios y larvas hicieron algunas culturas de la Antigüedad. Moscas y langostas se nos presentan en diversos mitos como seres, o bien de carácter maléfico, o bien como plagas o calamidades enviadas para castigar a los pueblos.

También era diferente la sangre de los peces, pero estos vivían una vida misteriosa en el profundo mar. El hombre, los animales terrestres y las aves, tenían en común los alimentos y los lugares de hábitat, ya fuesen bosques, llanuras o altas cimas. Y también la sangre.

La pérdida o tenencia del líquido purpureo se relacionaba con la duración de la vida, bien fuese la de un sujeto o la de la comunidad. Juan Jacobo Bajarlía en *Drácula, el Vampirismo y Bram Stoker* (1992) afirma que *"el hombre primitivo tenía conciencia del significado de la sangre. Sabía que en ella residía la fuerza, y que una contienda contra los demás estaba en relación directa con la cantidad de este líquido que aún le quedaba para seguir resistiendo"* (p. 115). Comentando la historia de Zohak, tirano persa, Bajarlía habla sobre los valores mágicos de la sangre, según los antiguos *"pueblos primitivos creían en los valores mágicos de la sangre. En contacto con ella era posible adquirir la fortaleza y la sabiduría de su poseedor"* (p. 64). Alimentarse, untarse o hasta bañarse con ella equivalía a adquirir los dones de su anterior dueño. La vida, la fuerza y los poderes de quien derramara el líquido vital, fuese hombre o bestia, se transferían al agresor, al cazador, al guerrero que la hacía verter. James George Frazer, en *La rama dorada* (1981), señala:

> También la carne y la sangre de los hombres muertos es corrientemente comida y sorbida para inspirar bravura, sabiduría y otras cualidades en que los comidos descollaban, o las que se suponía que tenían su asiento especial en la víscera o trozo particular ingerido (p. 564).

Sobre lo extendida de esta práctica, Ramón Hervás, en *Vampirismo y Licantropía* (1999), afirma que: *"Los escitas, galos, aztecas y fenicios, bebían la sangre de los enemigos para fortalecer su valor"* (p. 15).

Consumida o en contacto con ella, para el hombre de la Antigüedad simbolizó la transferencia de la vida u otros atributos de quien la había poseído a quien la absorbía. Esa vida, espíritu o alma contenida en el mágico líquido podía asimilarse o ser tabú, dependiendo de la cosmovisión de cada cultura. En el libro *Génesis*, de *La Biblia* se cuenta cómo, después del diluvio, Dios se dirige a Noé. Éste último ha levantado un altar en agradecimiento al creador por haberlo salvado a él y a su familia de la gran inundación. El Todopoderoso hace aparecer un arco iris en el cielo como señal de que nunca más ahogará la tierra. También le da a la humanidad, a través de Noé, autoridad sobre los demás seres vivos para usarlos o servirse de ellos como alimento: *"Todo lo que tiene movimiento y vive os servirá de alimento; lo mismo que las legumbres y las plantas verdes. Os lo he dado todo. Pero carne con su vida, que es su sangre, no comeréis, porque ciertamente demandaré la sangre de vuestras vidas"* (Gn 9:3-5, *Santa Biblia*).

La prohibición sobre el consumo y el contacto con la sangre también fue común en algunos pueblos de la Antigüedad y por las mismas razones: en ella estaba contenida la vida, la fuerza y el alma del individuo. Era, por tanto, sagrada. Para unos, tomar la vitalidad y la fuerza de sus víctimas era lícito, para otros, un tabú inviolable. Al respecto, Frazer (1981), señala lo siguiente:

Algunas tribus amerindias "por un principio religioso fuerte, se abstienen en absoluto de beber sangre de ningún animal, porque contiene la vida y el espíritu del mismo". Los cazadores judíos dejan exangüe la caza cuando la matan, cubriendo con polvo el charco de sangre. Ellos no la catarán siquiera, creyendo que el alma o vida del animal estaba en su sangre o era la sangre misma (p. 272).

Con más claridad en el *Levítico,* tercero de los libros de *La Biblia* y gran recopilación de las leyes profanas y divinas del pueblo hebreo, se veda el consumo de sangre bajo amenaza de "eliminar" a cualquier israelita o extranjero que transgreda la hierática ley. Señala el texto bíblico que el líquido prohibido es *"la vida de la carne"* y se encuentra reservada para la deidad como "expiación" que los hombres dan por sus almas *"porque la vida de la carne está en la sangre, y yo la he dado para hacer expiación sobre el altar por vuestras almas, pues la misma sangre es la que hace expiación por la persona"* (Lv 17:11, *Santa Biblia*).

Si la sangre consumida podía conceder los atributos de quien la derramaba, la perdida los hacía desaparecer en quien la vertía. Las mujeres en periodo de menstruación disipaban temporalmente la capacidad de concebir. Más aun: durante este lapso de tiempo, en muchas culturas de la Antigüedad, eran consideradas impuras. No se las podía tocar ni ellas tenían permitido tocar a nadie. En el *Génesis* se cuenta la historia de Jacob. Este, después de haber trabajado para Labán durante 20 años, recibe la orden de Dios de regresar a la tierra prometida. Aprovechando la ausencia de Labán, Jacob recoge sus siervos y rebaños, monta sobre camellos a sus hijos, concubinas y a sus dos esposas, Raquel y Lea, hijas de Labán, y un amanecer escapa apresuradamente. Pero Raquel, en medio de la huida, hurta los ídolos de su padre. Labán sale en persecución de Jacob y le da alcance en las montañas de Galaad. Le recrimina el haber huido y lo acusa de robo. Sin saber que Raquel ha sustraído los ídolos de Labán, Jacob se defiende y autoriza a Labán para que registre su campamento:

Entró Labán en la tienda de Jacob, en la tienda de Lea y en la tienda de las dos siervas, y no los halló. Salió de la tienda de

Lea y entró en la tienda de Raquel. Pero Raquel tomó los ídolos y los puso en la montura de un camello, y se sentó sobre ellos. Labán rebuscó por toda la tienda y no los encontró. Entonces ella dijo a su padre: "No se enoje mi señor, si no me puedo levantar delante de ti, pues estoy con el periodo de las mujeres." (Gn 31:33-35, *Santa Biblia*).

Labán no se atreve a pedirle a su hija que se mueva de lugar. Los objetos con los que ella ha estado en contacto se han vuelto "impuros" y deben, al igual que ella, pasar por un periodo de purificación. Termina Jacob riñendo a Labán y ambos hacen un pacto. Frazer, comentando los tabús o creencias similares en torno al periodo de la menstruación en las culturas de la Antigüedad, nos dice lo siguiente: *"Similares restricciones se imponen en muchos pueblos a las mujeres puérperas y ciertamente por las mismas razones. En este período se supone que las mujeres están en una condición peligrosa que podría contagiar a cualquier persona o cosa que tocasen"* (1981, p. 251).

¿Qué era pues, para el hombre de la Antigüedad, la sangre? Desde la que periódicamente perdían las mujeres hasta la derramada por hombres y bestias, era la vida misma, la fuerza y la fertilidad. Consumida, tocada, podía conceder los dones y atributos de quien la derramaba. Perdida de manera espontánea, como en la menstruación, implicaba la impureza temporal y pérdida de dones, en este caso el de la fertilidad.

La sangre en la mitología

En la Antigüedad el hombre llegó a alimentar su cuerpo con la sangre de otros hombres y animales. Pero también alimentó su imaginación con el sonido del viento entre las hojas, las estrellas nocturnas y el sol resplandeciente. El rumor de las aguas de un río o el batir de las olas en la playa fueron elementos que poco a poco enriquecieron sus primigenias concepciones sobre el mundo. El sol, la tierra, el rayo, la lluvia, el viento, el mar, los ríos y las estrellas fueron sus primeros dioses. Bernhardt J. Hurwood, en *Pasaporte para lo sobrenatural* (1974), nos señala que:

> Mientras se hallaba en el proceso de imponer su supremacía sobre las otras criaturas de la tierra, el *Homo sapiens* estaba demasiado ocupado con su entorno para preocuparse de cosas que no podía ver, oír ni tocar. Pero una vez que logró tener las cosas razonablemente bajo control y comenzó a establecer el orden social y la civilización, encontró tiempo para ocuparse de problemas más metafísicos. No tardaría en meditar sobre el sol y la luna, las estrellas y los planetas, los vientos y los mares, el ciclo de la vida; en pocas palabras, sobre los misterios de la naturaleza misma (p. 17 - 18).

A. Dekonski, en su *Historia de Grecia* (1966), afirma que: "*Los mitos expresan diversas nociones sobre las fuerzas de la naturaleza y sobre la actitud de los hombres hacia dichas fuerzas en los diferentes períodos de su vida económica y social. En su conjunto, los mitos son de origen religioso*" (p. 55). Inicialmente, las fuerzas de la naturaleza, posteriormente, animales, héroes y reyes, fueron divinizados de distintas maneras y pasaron a constituir las creencias particulares de cada cultura. Bernhardt J. Hurwood agrega lo siguiente: "*Los primeros testimonios escritos indican la existencia de todo un panteón de dioses, diablos, demonios y espíritus anteriores incluso a las civilizaciones de los tiempos bíblicos*" (1974, p. 19). El sol dejó de tener sólo la forma de un disco y pasó a ser hombre mitad bestia, o una bestia mitad hombre. El carácter híbrido de muchas deidades, mezcla de animales y humanos, nos confirma la antigüedad de estas creencias.

Dioses egipcios como Horus, con cabeza de halcón y representando al sol resplandeciente; o Anubis "el señor de la necrópolis" con cabeza de chacal que guía a las almas al otro mundo; Atargatis, diosa siria con cola de pez, al igual que Tritón "el que bate las olas", hijo del dios griego Poseidón; o Quetzalcóatl, la "serpiente emplumada" de los mitos mesoamericanos, son expresiones de las más antiguas imaginaciones del hombre. Jorge Luis Borges, en *El libro de los Seres Imaginarios* (1980), nos dice sobre estas creencias *"Formas humanas con cabeza de toro figuraron, a juzgar por las pinturas murales, en la demonología cretense. Probablemente, la fábula griega del Minotauro es una tardía y torpe versión de mitos antiquísimos, la sombra de otros sueños aún más horribles"* (p. 141). Haciendo referencia específica a la mitología griega, A. Dekonski nos señala: *"Hallamos con frecuencia, en los mitos griegos, dioses zoomorfos; ello demuestra que se trata de creencias religiosas que se remontan a la lejana época de la sociedad sin clases, a la ideología totémica de los tiempos primitivos"* (1966, p. 55).

Pero las omnipotencias de los tiempos primigenios no eran solamente representaciones de las fuerzas y fenómenos de la naturaleza con atributos de animales. Hechos "a imagen y semejanza" de los pueblos que los concibieron, aquellas deidades comían, bebían, sentían dolor, pasión y debilidades. Celos y riñas formaban parte de su humor cambiante, y castigos terribles eran sus respuestas. Se asemejaban a las clases dominantes de cada cultura. Sobre esto, A. Dekonski asevera lo siguiente:

> Por ello, los dioses olímpicos no sólo son antropomorfos, sino que se distinguen por sus aires "aristocráticos"; llevan una vida inactiva y lujosa en sus palacios de oro, como corresponde a la aristocracia celeste, deleitándose con la ambrosía y el néctar que dan la inmortalidad y oyendo el suave canto de las Musas (p. 58).

Así, distintas sociedades y culturas construyeron sus creencias pensando a sus seres supremos como fuerzas celestes, terrestres o marinas, de apariencia zoomorfa y con características humanas. Y si la sangre era fuente de vida, fuerza y fertilidad para el hombre antiguo, también debió serlo para sus deidades.

La sangre, relacionada con la fertilidad de la hembra, también se asoció con la de los dioses. Haciendo referencia a las culturas neolíticas en Europa, Robert Graves, en *Los mitos griegos I* (1960), afirma que *"Toda la Europa neolítica, a juzgar por los artefactos y mitos sobrevivientes, poseía un sistema de ideas religiosas notablemente homogéneo, basado en la adoración de la diosa Madre de muchos títulos, que era también conocida en Siria y Libia"* (p. 8). Dicha diosa Madre identificada con la tierra, la naturaleza y las estaciones, tiene su origen en tiempos muy remotos, en sociedades de corte tribal, de religiones totémicas y de articulación política matriarcal.

Todavía sin tener claro el papel del hombre en la concepción, el embarazo de la mujer era atribuido a distintas fuerzas de la naturaleza. Sobreviven mitos de mujeres fecundadas por las aguas, ríos y vientos. En el mismo texto y aun hablando de dichas sociedades matriarcales del neolítico europeo, Robert Graves nos comenta:

> Parece ser que la ninfa o reina tribal elegía un amante anual entre los hombres jóvenes que la rodeaban, un rey que debía ser sacrificado cuando terminaba el año, haciendo de él un símbolo de la fertilidad más bien que el objeto de su placer erótico. Su sangre se rociaba para que fructificasen los árboles, las cosechas y los rebaños, y su carne era, según parece, comida cruda por las ninfas compañeras de la reina - sacerdotisas que llevaban máscaras de perras, yeguas o cerdas (p. 10).

La sangre de los jóvenes aseguraba la fertilidad del suelo, de la naturaleza, de la gran diosa Madre. Los sacrificios humanos practicados por distintas culturas de la Antigüedad encuentran en los mitos su justificación o explicación. Ramón Hervás en *Vampirismo y Licantropía* (1999) nos señala lo siguiente:

> Vemos cómo el rey Penteo de Tebas, y Licurgo, rey de los edonios de la Tracia, se oponen a Dionisio, rey de las vides, y ambos son descuartizados respectivamente por las frenéticas bacantes y sus furiosos caballos, y cómo los restos destrozados de ambos reyes, chorreantes de sangre, son enterrados en los campos para propiciar las cosechas abundantes. Orfeo sufre la misma suerte que Penteo y Licurgo, a manos de las bacantes, y su sangre sirve también para fertilizar la tierra, lo mismo que la de Rómulo al ser despedazado por los senadores romanos (p. 14).

La tierra, regada con sangre, entregaba sus dones. Vemos entonces al líquido purpureo como substancia mediadora entre las deidades y los mortales. Y si para ambos significó lo mismo, es decir vida, fuerza y fertilidad, con el devenir de los tiempos se convirtió en moneda de las relaciones entre ambos. La fecundidad del suelo era "comprada" con sangre. Otras cosas en poder de los seres supremos también eran susceptibles a canje. Víctor Von Hagen en su libro *Los mayas* (1976) comenta sobre los dioses mayas que:

> Ellos no daban espontáneamente la lluvia, el sol o las plantas a los hombres. Tenía que pedírseles lo que se necesitaba, y para conseguirlo, los hombres tenían que ofrendar a los dioses algo en sacrificio: debían quemar incienso o dar comida o, lo que era mejor que todo eso, derramar sangre humana para ellos (p. 92).

La divinidad fenicia Astarté, asimilación de la Inanna de los sumerios y la Ishtar de los babilonios, deidades femeninas de la sexualidad y la fertilidad, exigía sacrificios humanos donde el derramamiento de sangre y las orgías eran los protagonistas. También el dios Baal, cuyo culto se extendió desde su natal Caldea hasta varias zonas del mediterráneo, exigía el derramamiento de este líquido como parte de sus ritos. En *La Biblia*, en el primer *Libro de Reyes*, se describe un enfrentamiento entre el profeta Elías y los profetas de Baal. Reunidos en el Monte Carmelo el pueblo de Israel, 450 profetas de Baal, y Elías, este último reta a los augures del antiguo dios caldeo a mostrar el poder de su Señor. Traen dos bueyes, los preparan y los colocan sobre montones de leña, listos para el sacrificio. Los profetas de Baal danzan durante horas alrededor del improvisado altar invocando a su dios, en espera de que haga acto de presencia con todo su poder. Elías se burla de ellos. Incluso les dice que griten más fuerte, puesto que Baal seguramente está ocupado y no los ha escuchado mientras *"Seguían ellos clamando a gritos, y se hacían cortes, conforme a su costumbre, con cuchillos y con lancetas, hasta que les chorreaba la sangre"* (1 Re 18:28, *Santa Biblia*).

La sangre, moneda de las relaciones entre dioses y hombres, bien como pago o tributo, se encontraba en los rituales para las deidades. También en *La Biblia*, oficiando los sacrificios de expiación antes mencionados, se cuenta: *"Entonces se acercó Aarón al altar y degolló el becerro de su sacrificio de expiación. Los hijos de Aarón le trajeron la sangre, y él, mojando su dedo en la sangre, untó con ella los cuernos del altar y derramó el resto de la sangre al pie del altar"* (Lv 9:8-9, *Santa Biblia*).

Según Homero, en *La Ilíada*, los dioses no tienen sangre sino "icor", una extraña substancia. Cuando Afrodita acude en auxilio de su hijo Eneas, derribado por Diomedes, este último acomete impetuoso a la regenta del amor y la belleza. Ella trata de escapar pero Diomedes la hiere de un lanzazo y es icor lo que brota del cuerpo de la divina madre. Otros autores, en cambio, señalan que el icor era una substancia contenida en la sangre de los Olímpicos. Hesíodo, en

La Teogonía no se refiere a la sangre de los dioses como un líquido distinto al de los mortales. Fuese o no de naturaleza diferente u otro líquido, la sangre de los dioses griegos tenía similares atributos a la de hombres y bestias: era un principio de vida, fuerza y fertilidad.

Afrodita, diosa del amor y la belleza de los griegos, nace de la espuma del mar fecundada por el semen y la sangre derramada por Cronos al ser castrado por Zeus. El mismo Cronos había castrado a su padre, Urano, "el cielo estrellado". Cuenta el mito que Urano, hijo de Gea, la Tierra, tuvo con ésta a los titanes y a los cíclopes:

> Pero Urano, que aborrecía a muerte a sus hijos, los titanes y los cíclopes, encerró de nuevo a unos y a otros en el seno de su madre, la Tierra. Gea montó en cólera e hizo presión sobre su hijo Cronos para que, utilizando una hoz, mutilase a su propio padre, Urano. De la sangre que manó de la herida de éste, surgieron, ante todo, las Erinias, diosas de la Venganza, que los romanos llamaron Furias y consideraron también como diosas del Derecho (1958, p. 9).

Afrodita y las Erinias, deidades antagónicas en sus atributos y funciones, nacen de la sangre como principio fecundador. Dioses y seres míticos encuentran en ella su origen. De la sangre de Cronos también nacieron los gigantes y las ninfas melias. Pegaso "el caballo de los dioses" y el gigante Crisaor "el de la espada dorada", nacen de la sangre de la gorgona Medusa al ser decapitada por Perseo. Corriendo en auxilio de Adonis, atacado por un jabalí, Afrodita se corta con las espinas de los arbustos que atraviesa en su carrera y de las gotas que brotan de sus dedos nacen las rosas rojas.

A semejanza de los hombres los dioses también tenían al líquido purpureo como principio fecundador y de vida. La creencia pudiese llegar hasta los albores del cristianismo. En la última cena Jesús bendice y parte el pan y se lo da a sus discípulos señalando *"Tomad, esto es mi cuerpo. Después tomó la copa y, habiendo dado gracias, les dijo que bebieran de ella todos. Y les dijo: - Esto es mi sangre del nuevo pacto que por muchos es derramada"* (Mt 26:26-28, *Santa Biblia*). El consumo simbólico del cuerpo y la sangre de Jesús rememora toda una tradición del consumo de sangre y del cuerpo con el objeto de obtener la fuerza, vitalidad, valor o cualesquiera otros atributos que poseyese el hombre o animal consumido. Al respecto, James George Frazer señala:

> Comiendo del cuerpo del dios, compartirá los poderes y atribuciones del dios. Y si el dios lo es del grano, éste será su propio cuerpo; si es un dios de la vid, el jugo de la uva será su sangre; de manera que comiendo el pan y bebiendo el vino, los fieles participan del verdadero cuerpo y sangre de su dios (1981, p. 565).

Los seres vampíricos de la Antigüedad

No sólo dioses, sino otros entes del más variado tipo aparecen en mitos y leyendas de la Antigüedad poblando la imaginación, la geografía y los elementos: genios y djinns en los desiertos; ninfas, sátiros, y duendes en los bosques; ondinas, nereidas, tritones y sirenas en los ríos y mares; y silfos y hadas en los vientos. Entre estos frutos de la fantasía del hombre también aparecieron especímenes que, no siendo dioses o mortales, consumían sangre.

De aspecto animal o sustancia metafísica, estas primigenias formas son muy antiguas. Jorge Luis Borges, en *El libro de los seres imaginarios* (1980), nos habla del *dragón*, ser común en varias culturas, del que dice lo siguiente:

> Una gruesa y alta serpiente con garras y alas es quizá la descripción más fiel del Dragón. Puede ser negro, pero

conviene que también sea resplandeciente; asimismo suele exigirse que exhale bocanadas de fuego y de humo. Lo anterior se refiere, naturalmente, a su imagen actual; los griegos parecen haber aplicado su nombre a cualquier serpiente considerable. Plinio refiere que en el verano el Dragón apetece la sangre del elefante, que es notablemente fría. Bruscamente lo ataca, se le enrosca y le clava los dientes. El elefante exangüe rueda por tierra y muere; también muere el Dragón, aplastado por el peso de su adversario (p. 81).

Es una serpiente alada que silba y vuela en la noche, y en los días de grandes calores se adhiere a la corteza de los árboles y deja en ella un rastro de sangre. La persona que llega a verlo, casualmente, se aniquila y muere. Se alimenta de sangre que bebe a los hombres y a los animales cuando duermen, a los que enflaquece y destruye (p. 30).

La antigüedad de estas criaturas viene refrendada por todo un conjunto de creencias que ubica a las serpientes como seres primigenios, Robert Graves, en *Los Mitos Hebreos. El Libro del Génesis* (1969) nos recuerda que:

Los ofitas herejes del siglo I d. de C. creían que el mundo había sido engendrado por una serpiente. La serpiente de bronce que, según la tradición hebrea, hizo Moisés por orden de Dios (*Números* XXI.8-9) y fue venerada en el santuario del Templo hasta que el rey reformista Ezequías la destruyó (2 *Reyes* XVIII.4), indica que Yahvéh había sido identificado en un tiempo con un dios-serpiente, como Zeus en el arte órfico. El recuerdo de Yahvéh como una serpiente sobrevivió

Grabado del pintor y grabador alemán Alberto Durero (1471 – 1528) que representa la famosa leyenda medieval de San Jorge dando muerte al Dragón. San Jorge de Capadocia (siglo IV d.C.) fue un mártir cristiano cuya muerte se conmemora el 23 de abril.

en un midrás posterior, según el cual, cuando Dios atacó a Moisés (*Éxodo* IV-24 ss) en un albergue del desierto en plena noche, asumió la forma de una gran serpiente y tragó a Moisés hasta los lomos (p. 17).

Pero no sólo serpientes aladas como el *dragón* o el *piuchén* consumían sangre, también espíritus, demonios o fantasmas de la más diversa índole. Bernhardt J. Hurwood, en *Pasaporte para lo sobrenatural* (1974), haciendo referencia a las creencias de la antigua China, señala que: *"Pero además de los fantasmas, buenos y malos, hay un sinnúmero de demonios, diablos, duendes, vampiros, hombres-lobo, hombres-zorro y hombres-tigre. La lista es formidable"* (p. 41). Más adelante, agrega:

Los espíritus chinos más temibles de todos son los vampiros, *ch'iangshih*. Se comportan de modo similar al de sus colegas occidentales, pero, siendo demonios relacionados con el *p'o*, resultan algo más complicados. No sólo animan los cadáveres y evitan su descomposición, sino que también pueden formar un ente completo a partir de una calavera o de unos huesos medio podridos. Su posesión de los cadáveres asegura la frescura de estos durante todo el tiempo que logran permanecer en ellos. De llameantes ojos enrojecidos, disponen de unas garras afiladas como hojas de afeitar, tienen el cuerpo completamente cubierto de pelo blanco o verdoso, y, además de chupar la sangre de sus víctimas, son devoradores de carne de cadáveres (p. 42).

Podemos mencionar también a los *utuq*, demonios babilónicos asociados a las tempestades. Alados, recorren los desiertos en busca de alguna aldea o ciudad, siempre sedientos de sangre y ocultos entre las tormentas de arena.

Las leyendas babilónicas también mencionan a otros demonios sin nombre. Seres que en las noches bajan de las estrellas provocando temblores y tomando, según convenga, espantosas formas o bellas figuras de mujer. Atacan en delirios nocturnos y desaparecen con el alba, dejando a sus víctimas sin fuerzas.

Serpientes aladas, fantasmas que toman posesión de los cadáveres, demonios de las tormentas, estos primeros entes consumidores de sangre no tienen relación directa con el hombre. Salvo el hecho de consumir el líquido vital de las personas, son entidades aparte. Algunos podrían ser extrañas alegorías a la suerte de los mortales, como el *brucolaco* griego. De piel áspera, llama a gritos a sus posibles víctimas en parajes desolados o desde la oscuridad de las tormentas. Cuando visita alguna aldea o localidad llama a la puerta de las casas una sola vez, como la diosa fortuna.

Así, a medida que los frondosos bosques y los murmurantes ríos comenzaron a ser poblados por seres benéficos, hermosos o traviesos, otros lugares oscuros y misteriosos como los cementerios, las ruinas, la noche y las tormentas fueron el punto de partida de entidades más terribles, de aspecto atemorizante y que sorbían el fluido vital para existir. Ramón Hervás, sobre el posible origen de los vampiros, indica lo siguiente:

> ¿Qué es, pues, el vampiro? Dos pueden ser las claves que dieron origen a estos mitos: aquellos enfermos cuya compulsión les lleva a beber sangre humana y aquellos otros que, sin estar incluidos en los esquemas de un trastorno mental definido, practicaban el canibalismo o, más selectivamente, comían glándulas genésicas para revitalizar sus fuerzas (1999, p. 11).

La idea de la sangre como principio de vida y de fuerza es clave para la explicación del origen del vampiro. Podrían citarse también otras causales, como señala Hervás: "*La atracción de la sangre, que en personas normales deriva hacia cauces más o menos disimulados, como podrían serlo espectáculos tales como el boxeo o los toros, se manifiesta en otros como un definido e insaciable apetito morboso*" (p. 53). Sin embargo, la fuerza y la vida contenida en la sangre, según la imaginación de los hombres de la Antigüedad, fue siempre el justificativo para su consumo. El mismo Hervás afirma que: "*Evidentemente, en el origen de la leyenda de los vampiros reside tanto la atracción como el temor instintivo del hombre primitivo hacia la sangre. Los ritos hemáticos se encuentran en el alba de todas las civilizaciones*" (p. 15). Y José Luis González agrega lo siguiente: "*La figura del vampiro ha estado presente en las creencias de multitud de pueblos y culturas*" (2008, p. 1).

Empezamos a encontrar en diferentes imaginarios a criaturas con características de los que posteriormente sería el vampiro. Hervás nos comenta que:

En Oriente, los primeros vampiros diferenciados con los rasgos que les son habituales, los hallamos en Egipto identificados con las diosas Baba, Srun y Apop. Divinidades inciertas de aspecto repelente, con hocico de lobo entre cuyas comisuras asoman afilados colmillos (1999, p. 12).

Al igual que en diversas culturas de la Antigüedad donde las primeras deidades eran diosas, también muchos de los iniciales "seres vampíricos" tienden a ser femeninos. Como el caso de las *striges* romanas. Mujeres durante el día, en las noches se convertían en grandes aves, semejantes a los búhos pero con alas de murciélago y cuatro patas. Buscaban con preferencia a niños a los que sujetaban con fuerza mientras les extraían la sangre con su pico. O las *adze* africanas, entidades incorpóreas que asumían la forma de un escarabajo y entraban, en medio de rituales, por la boca de las hechiceras. Poseídas por las *adze* estas salían a buscar niños para alimentarse del fluido de sus venas. Ramón Hervás afirma que *"En sus comienzos, el tabú de la sangre se asocia naturalmente a las efusiones de la mujer y tal vez ésta sea la causa de que los primeros vampiros sean hembras y busquen sangre para reponer sus pérdidas periódicas"* (p. 15). Y entre estas entidades femeninas la trinidad formada por *Lilit, Lamia* y *Empusa* ocupa un lugar destacado.

Lilit

Lilit parece haber tenido un origen Babilónico. Hurwood, en su *Pasaporte para lo sobrenatural* (1974), nos menciona a la entidad maligna *Lilitu,* de la antigua Babilonia. Según el autor:

> También estaba Lilitu, el demonio femenino de la lujuria que se aparecía por las noches a los hombres mientras dormían, a veces para enviarles sueños lascivos y a veces para cohabitar con ellos y engendrar a alu y galu, horrores sin rostro nacidos de hombre y demonio, como se mencionó anteriormente (1974, p. 20).

Probable fruto de muy diversas influencias, el pueblo hebreo tenía en *Lilit*, primera mujer creada por Dios, como madre de los demonios y ser vampírico. Robert Graves, en *Los mitos hebreos* (1969), nos dice sobre este ignorado personaje: *"Lilit, predecesora de Eva, ha sido excluida por completo de la Sagrada Escritura, aunque la recuerda Isaías como habitante de las ruinas desoladas. Parece, a juzgar por los relatos midriáticos acerca de su promiscuidad sexual, haber sido una diosa de la fertilidad"* (1969, p. 4). Sobre el origen de *Lilit*, Hurwood afirma lo siguiente:

La recién mencionada Lilith es un demonio que merece una atención especial, porque en cierto sentido sirve de lazo de unión no sólo entre la demonología de la antigua Babilonia y la judía, sino también entre la judía y la cristiana. Su historia es una mezcla curiosa de cruces culturales, superstición y tradición. Para empezar, el nombre Lilith es hebreo y significa "lechuza". Es indudable que la palabra procede del nombre babilonio Lilitu. Es probable que ambas palabras procedan a su vez de voces –aún más antiguas– sumerias *lalú*, que significa "abundar" y "lujuria" y de *lulú*, que significa "lascivia" y "desenfreno" (1974, p. 23).

Entidad sincrética, *Lilit* ha sufrido diversas transformaciones. Antiguos textos hebreos ni siquiera la describen como la primera mujer, en términos humanos, sino como la primera esposa de Adán, pero señalando que originalmente era una serpiente. Jorge Luis Borges, sobre esto último nos dice que:

Porque antes de Eva fue Lilith, se lee en un texto hebreo. Su leyenda inspiró al poeta inglés Dante Gabriel Rossetti (1828 - 1882) la composición de *Eden Bower*. Lilith era una serpiente; fue la primera esposa de Adán y le dio *glittering sons and radiant daughters* (hijos resplandecientes e hijas radiantes). Dios creó a Eva, después; Lilith, para vengarse de la mujer humana de Adán, la instó a probar el fruto prohibido y a concebir a Caín, hermano y asesino de Abel. Tal es la forma primitiva del mito, seguida por Rossetti. A lo largo de la Edad Media, el influjo de la palabra *layil*, que en hebreo vale por noche, fue transformándolo. Lilith dejó de ser una serpiente para ser un espíritu nocturno. A veces es un ángel que rige la generación de los hombres; otras es demonios que asaltan a los que duermen solos o a los que andan por los caminos. En la imaginación popular suele asumir la forma de una alta mujer silenciosa, de negro pelo suelto (1980, p. 133).

Según otras fuentes, *Lilit* se negaba a estar debajo de Adán en el acto sexual, argumentando que había sido hecha del polvo igual que él, aunque Robert Graves nos señala que el polvo con que fueron hechos ambos era distinto, además que sí cohabitó por un tiempo con Adán y tuvieron hijos:

> Entonces Dios creó a Lilít, la primera mujer, como había creado a Adán, salvo que utilizó inmundicia y sedimento en vez de polvo puro. De la unión de Adán con esta demonia y con otra como ella llamada Naamá, hermana de Tubal-Caín, nacieron Asmodeo e innumerables demonios que todavía infestan a la humanidad (1969, p. 44).

No queriendo ceder a los requerimientos sexuales de Adán, que simbólicamente implicaban su sometimiento al varón, *Lilit* pronunció el nombre de Dios y escapó al Mar Rojo donde copuló con demonios y tuvo hijos de estos. Hurwood afirma que: *"A pesar de que Dios envió a tres ángeles para que la hicieran volver, ella se negó a obedecer y, en consecuencia, fue condenada a convertirse en un demonio volador nocturno, chupador de sangre"* (1974, p. 23).

Otros comentan que se hizo compañera del desterrado Caín, primer asesino de los textos bíblicos, con quien también tuvo hijos demonios. Al no haber comido del fruto del árbol prohibido mantuvo su inmortalidad original, por lo que se mantiene viva. Sobre *Lilit*, Robert Graves nos señala: *"Lilit y Naamá no sólo estrangulan a los infantes, sino que también seducen a los hombres que sueñan, cualquiera de los cuales, si duerme solo, puede ser su víctima"* (1969, p. 44). Hurwood afirma que: *"En cualquier caso, como resultado de haberse convertido en demonio, y al igual que Lilitu —su equivalente en*

Babilonia-, enviaba a los hombres sueños eróticos y atacaba a las parturientas" (1974, p. 23) y más adelante: *"Lilith también está relacionada con la Lamia griega y con la strix romana, que son igualmente demonios femeninos chupadores de sangre"* (p. 23). A su vez, Ramón Hervás agrega:

> Perséfone, la Lilith babilónica, se transforma en el súcubo Lilith de los hebreos, y luego a su vez se convierte en la Lamia de los romanos, el hada necrófaga y hemófaga que persigue a los hombres en las noches de luna llena para sorberles su fluido vital (1999, p. 15).

Lamia

La mencionada *Lamia* fue una mítica reina de Libia. Bajarlía, citando lo dicho por Colin de Plancy en el *Dictionaire infernal* (1863) nos dice de *Lamia* que: *"asesinaba a las mujeres embarazadas para extraerles los fetos y comerlos"* (1992, p. 73). Robert Graves, en *Los mitos griegos*, nos cuenta sobre ella:

> Belo tenía una hermosa hija llamada Lamia que gobernó en Libia y a la que Zeus, agradecido por sus favores, otorgó la facultad singular de quitarse los ojos y volver a ponérselos a su voluntad. Le dio varios hijos, pero todos ellos, menos Escila, fueron muertos por Hera en un arrebato de celos. Lamia se vengó matando a los hijos de otros y obró con tanta crueldad que su rostro se convirtió en una máscara espantosa (1960, p. 225).

Y Jorge Luis Borges, en relación con esto último, agrega lo siguiente:

> Según los clásicos latinos y griegos, las Lamias habitaban en África. De la cintura para arriba su forma era la de una hermosa mujer; más abajo la de una sierpe. Algunos las definieron como hechiceras; otros como monstruos malignos. La facultad de hablar les faltaba, pero su silbido era melodioso. En los desiertos atraían a los viajeros, para devorarlos después. Su remoto origen era divino; procedían de uno de los muchos amores de Zeus (1980, p. 129).

Personaje histórico o no convertido en mito, *Lamia* se transformó con el pasar del tiempo en uno o más seres de corte vampírico en la mitología griega, posteriormente la romana, y llegando incluso a ser temido en la Europa medieval. Bajarlía, haciendo referencia a lo dicho por Federik Koning en su *Dictionaire de demonologie* (1974) señala que este último *"las define como demonios femeninos de extraordinaria hermosura y carácter sanguinario que fascinan a los hombres para chuparles la sangre"* (1992, p. 72) y que a partir del siglo XV tomaban la figura de ancianas y se alimentaban de niños. A pesar de su bello rostro algunos imaginaban a las *lamias* con garras en vez de manos y cabezas de serpiente o de *dragón* en vez de pies. También se les menciona como mitad serpiente y mitad mujer. En menor medida se les describe con cola de pez lo que las relacionaría con el elemento marino o puede tener un significado simbólico asignándoles, como las aguas, naturaleza cambiante.

Empusa

Poco conocida en la actualidad, *Empusa* fue, sin embargo, un monstruo muy temido por los antiguos romanos. Residía en el Averno al servicio de Hécate y podía adoptar diversas formas animales, aunque lo más común era que asumiera la figura de una loba o perra. Cuando se metamorfoseaba en una mujer su aspecto era el de una joven alta, hermosa, de agraciada figura y ojos claros, pero con una pierna de bronce que debía esconder bajo sus ropas.

En *Las ranas* (405 a.C.) de Aristófanes (444 a.C. - 385 a.C.) Dioniso y Jantias descienden al Hades y allí tienen una visión fugaz de *Empusa* que el autor describe de esta manera:

Jantias

Y, por Zeus, que veo una bestia enorme.

Dioniso

¿Cómo es?

Jantias

Horrible. Y toma toda clase de formas. Antes era un buey, hace un momento, un mulo, y ahora es una mujer guapísima.

Dioniso

¿Dónde está? Voy hacia ella.

Jantias

Ya no es una mujer, ahora es un perro.

Dioniso

Evidentemente es Empusa.

Jantias

Por lo menos, todo su rostro resplandece de fuego.

Dioniso

¿Y tiene una pata de bronce? (2007, p. 239 - 240).

Semejantes en apariencia y en su apetito sexual, *Empusa* y *Lamia* fueron relacionadas, y en ocasiones hasta confundidas. Ambas pasaron, con el tiempo, a ser más de un ente, y tanto *Empusa* como *Lamia* se convirtieron en nombres para designar grupos de engendros femeninos de carácter vampírico, aunque fue *Empusa* en la Antigüedad la más nombrada y la primera en aumentar su número. Robert Graves, hablando de *Lamia* nos dice que: "*Posteriormente se agregó al grupo de las Empusas yaciendo con jóvenes y chupándoles la sangre mientras dormían*" (1960, p. 225).

Deidades femeninas egipcias, mujeres míticas hebreas y grecolatinas, los primeros seres vampíricos tenían en común ser de sexo femenino al igual que las pretéritas diosas de la fertilidad. Otros aspectos similares van tomando forma, como la presencia de la noche, una apariencia aterradora y el habitad en lugares desolados o que implicaban una idea de muerte, como ruinas y cementerios. Sobre lo anterior nos cometa Ramón Hervás que:

> La variedad del vampiro hembra la encontramos en las tradiciones caldeas, fenicias, cananeas y judías. Estas mujeres, almas del Averno, se ocultaban durante el día en las ruinas y es por la noche cuando salen de sus escondrijos para cometer cuantos desmanes y maleficios se les antoja (1999, p. 14).

El vampiro de la Edad Media

El convulsionado periodo que va desde el siglo V al siglo XV, conocido como Edad Media, marca el fin de la Edad Antigua y el tránsito a la Edad Moderna. El otrora imperio romano se divide en dos y una de sus divisiones, el imperio romano de occidente, es arrasada por multitud de pueblos de corte nómada y tribal venidos desde Asia y el norte de Europa. Desde el siglo III el imperio había sufrido en sus fronteras la presión de estos clanes. Pero es en el siglo V que, como un torbellino, derribaron las últimas defensas militares, políticas y sociales que la Edad Antigua[1] pudo oponerles.

Cada uno de estos pueblos se establece en un territorio particular convirtiéndose en el origen de algunos de los modernos estados europeos. Francos en el actual territorio francés; vándalos y visigodos en la península ibérica; ostrogodos en Italia, hunos en Hungría y búlgaros en Bulgaria; alamanes en Alemania y anglos y sajones en Inglaterra. En el siglo VII, venidos de la península escandinava harían su aparición los normandos o vikingos, quienes durante tres siglos fueron la pesadilla de Europa, para finalmente asentarse en el norte de Francia y parte de Inglaterra. En ese mismo siglo grupos musulmanes llegados desde el norte de África se apoderan de la mitad de la península ibérica. El mapa de Europa cambió totalmente. De la anterior organización política imperial romana se pasó a los reinos y señoríos feudales; y de la organización social de patricios y plebeyos a la nobleza y el campesinado, con una muy incipiente clase burguesa.

La reorganización de Europa supuso la asimilación de muchos mitos, leyendas y tradiciones en función de una cultura sincrética que unía a las otrora entidades fabulosas que poblaron el mundo y la imaginación del hombre de la Antigüedad con los nuevos paradigmas. El cristianismo, religión oficial del imperio romano desde el siglo III, sirvió de base cultural sobre la que multitud de creencias encontraron resguardo o nuevas interpretaciones. Y así, de los "seres vampíricos" de la Antigüedad transitamos al vampiro de la Edad Media o vampiro medieval. Ubicado esencialmente en el este de Europa heredó de sus antepasados la sed de sangre, el habitar en lugares desolados o relacionados con la muerte y la vida nocturna. Como el *upir* ruso. De

---

[1] En la actualidad distintos historiadores han introducido el término "Antigüedad tardía" para referirse al periodo de transición entre el siglo III –fin de la "Antigüedad clásica"– y el siglo VIII –inicio de la expansión musulmana y el Imperio carolingio–. A efectos de este estudio seguiremos refiriéndonos al periodo entre los siglos V y XV como Edad Media, con sus subdivisiones tradicionales de Alta Edad Media y Baja Edad Media.

tez pálida, labios retraídos y encías muy rojas, eran especialmente voraces pudiendo desangrar a la mayor parte de los habitantes de una aldea en una misma noche. O el *strigoi* rumano. Relacionados con la magia negra y la brujería tenían poderes de metamorfosis y sobre las lluvias. De aspecto normal, escondían una cola peluda entre sus ropas y trataban de disimular sus manos velludas y una sonrisa inusitadamente grande mientras esperaban a los incautos las noches de luna llena en las encrucijadas. O también el *vrykolakas* griego. Pariente del antiguo *brucolaco* tesalio, el *vrykolakas*, pelirrojo y de ojos grises, podía transformarse en *hombre-lobo* generando con esto una figura híbrida entre vampiros y licántropos. O el *muló, mulló,* o *mulé* de los gitanos. Fétidos a putrefacción salían de sus tumbas con el crepúsculo y regresaban a ellas con el canto del gallo. Vengativos, sus primeras víctimas eran aquellos familiares de quienes recibieron algún maltrato o sus enemigos en vida. Igualmente el *nosferatu*[2] transilvano. Semejantes a un cadáver en descomposición eran conocidos por ser terriblemente malignos y como portadores de peste.

De todas estas personificaciones la más conocida fue la del *vampir* serbio. De piel lozana pero olor putrefacto, el *vampir* tenía el labio superior contraído y era delgado, de manos y extremidades huesudas y uñas y cabellos largos. Dormían en sus tumbas en el cementerio durante las mañanas y aunque su actividad podía comenzar en las tardes, lo común era que salieran de noche. Sus primeras víctimas eran sus familiares o amigos en vida, si bien atacaban a cualquiera con quien se toparan.

Además del consumo de sangre, la noche y los lugares solitarios, todos estos entes tenían en común la apariencia humana y el origen.

---

[2] La expresión *nosferatu* tiene un origen y un significado oscuro y si bien se la ha presentado como si fuese una palabra rumana, equivalente de "vampiro", más bien parece una creación literaria del siglo XIX. El ente designado con este término sería una versión transilvana del *no muerto* cuyo verdadero nombre se nos escapa. Sin embargo, a efectos de este estudio y a partir de ahora, usaremos *nosferatu* como sinónimo de vampiro.

Porque el vampiro de la Edad Media tiene su génesis en el pecado o en el mal según los parámetros de la época. Así, mujeres que durante su embarazo hubieran bebido de agua donde antes se hubiera saciado un demonio, o quienes hubiesen comido carne de animales atacados por vampiros; el séptimo hijo de una pareja, el hijo de una bruja, los nacidos un día sábado o nacidos el mismo día de la muerte de un hermano; los adúlteros, los perjuros, los suicidas, los excomulgados, los malvados, los ladrones, los sacrílegos, los que no hubiesen recibido la extremaunción o tenido los debidos ritos y protecciones fúnebres; los practicantes de brujería o magia negra, aquellos sobre cuya urna pasó un gato o un gallo antes del funeral, etc., eran vulnerables de convertirse en vampiros después de morir y quedar relegados a "existir" en una suerte de limbo, porque el aspecto característico del vampiro de la Edad Media es el no estar ni vivos ni muertos: la figura del *no muerto*.

Diosas y demonios sedientos de sangre que castigaban la imprudencia de andar de noche, de frecuentar ruinas y cementerios o tener pensamientos lujuriosos se fueron perdiendo en la tradición para dar lugar a un nuevo castigo más acorde con la religión cristiana: la transformación en uno de estos mismos entes. La amenaza no es ser atacado por una de estas "criaturas de la noche", la amenaza es convertirse en una de ellas y quedar condenado a sorber eternamente la sangre de otros. El legado hebreo en el sustrato del cristianismo de concebir el consumo de la sangre como una afrenta a la divinidad, hace más terrible y torturante el castigo: no sólo es caminar eternamente, sin dejar huellas, entre la vida y la muerte, sino que ese "castigo eterno" consiste en pecar y pecar sin saciar nunca la sed de hacerlo. Beber cada noche la vida de otros convirtiéndose así en una condena sin redención.

José Luis González nos dice del vampiro medieval que: "*Sus distintas encarnaciones abarcan desde el vrykolakas griego hasta el mulo de los gitanos. Sin embargo, hasta finales del siglo XVII y principios del XVIII, estos hechos apenas tuvieron difusión*" (2008, p. 1). En la Edad Media, aparte de varias epidemias vampíricas, se suceden numerosos casos individuales. Como el de Piort Plojogowitz, en Serbia, entre 1725 y 1728. Humilde campesino, muerto a la edad de 62 años, fue sepultado cerca de su natal Kisilova (posiblemente sea la actual población de Kisiljevo). Poco tiempo después, casi una decena de familiares y vecinos fallecieron a consecuencia de una marcada anemia y en medio de un proceso de agonía y muerte de muy pocos días. Varias de las víctimas, antes de morir y en medio de delirios, declararon haber visto a Piort. Incluso una dijo sentir cuando este la estrangulaba.

Las autoridades locales iniciaron las averiguaciones y, suponiendo un caso de vampirismo, exhumaron los restos de los fallecidos:

> Hallaron a los cadáveres en excelente estado de conservación, pese al tiempo transcurrido desde las muertes. Fue entonces cuando el verdugo procedió a atravesar sus corazones con estacas. Tal acción puso fin a la aparición de espectros chupasangre (2008, p. 2).

Pero fueron los casos ocurridos en una pequeña y hasta entonces ignorada aldea Serbia los que pusieron en el tapete a los *no muertos*. El primero y el más conocido fue el de Arnold Paole, oscuro soldado y campesino quien en vida narró muchas veces cómo fue atacado por un vampiro. Terminó convirtiéndose en uno después de su muerte y dando vida a la leyenda.

Los vampiros de Medvedja

Una primavera de 1725 un infortunado accidente con un carro de heno acaba con la vida de Arnold Paole. Tenía poco tiempo de haberse casado y establecido en su natal Medvedja, en Serbia. Su muerte puso fin a una existencia atormentada, llena de temores, y dio inicio a una existencia no menos terrible: la del *no muerto*.

El este de Europa en el siglo XVIII era aún un territorio de guerras y conflictos. Despoblado de gente pero lleno de brujas, hombres lobo y vampiros, sus escasos habitantes enfrentaban duras condiciones de vida, constantemente recelosos de la próxima guerra y siempre temerosos de las criaturas de la noche.

Con esas aprensiones seguramente vivió Paole. Como soldado en las fronteras griega y turca, tierras de *empusas*, *lamias* y *vrykolakas* fue, según contaba con frecuencia, atacado por un vampiro. Asediado por el *nosferatu* un día logró dar con su tumba. Decapitó y quemó el cadáver no sin antes tomar las precauciones necesarias para no convertirse en un *no muerto* más: se untó con la sangre del *espectro*[3] y comió tierra de su sepultura.

Poco después regresó a su Serbia natal. Allí se casó, adquirió tierras y comenzó a trabajarlas. Un mes después de muerto varios lugareños dijeron haberlo visto rondando de noche por el pueblo. Cuatro de los testigos enfermaron y murieron en pocas semanas. Los aterrorizados pobladores pidieron la intervención de las autoridades. Alguien llegó a decir que había visto epidemias vampíricas antes y que sin duda estaban atravesando una. José Luis González nos cuenta:

Una comisión formada por funcionarios civiles imperiales y locales, oficiales del ejército y cirujanos militares procedieron a exhumar los cadáveres. Hallaron el cuerpo de Arnold fresco y lozano, con su boca repleta de sangre y las uñas y cabellos en proceso de crecimiento. Decidieron clavarle una estaca en el corazón, lo cual provocó, según los testigos, terribles contorsiones y gritos por parte del cadáver.

---

[3] La palabra *espectro* se ha usado con frecuencia como sinónimo de "vampiro". Un *espectro* es en realidad un fantasma visible (los fantasmas pueden ser visibles o invisibles). A efectos de este estudio utilizaremos, a partir de ahora, dicho término como análogo de "vampiro".

Al resto de los fallecidos les fue aplicado el mismo tratamiento (2008, p. 3).

Seis años después una nueva epidemia vampírica asoló la población. Más de una decena de muertos en pocas semanas, con síntomas similares a las anteriores, alertaron a las autoridades. Las víctimas, entre altísimas fiebres y en agonías de pocas horas, hablaban de sentir pinchazos en sus costados.

Esta vez se responsabilizó a las primeras personas que murieron: una anciana de 50 años de edad, llamada Milica, y una joven de 20, de nombre Stanacka. Milica, que había llegado años atrás de territorio turco, admitió haber comido carne de ganado muerto por vampiros años antes. Por su parte, Stanacka dijo haber sido atacada por un *espectro* antes de la epidemia. Tratando de conjurar el mal había comido tierra de su sepultura.

Nuevamente una comisión imperial, formada por funcionarios civiles y militares, se trasladó a la agitada aldea. Ya los cadáveres ascendían a diez y siete. Descartada la posibilidad de alguna epidemia sanitaria se procedió a exhumar los restos de los fallecidos. Cinco de los restos presentaban signos de descomposición, pero doce de ellos no. Estos últimos tenían todas las evidencias requeridas: uñas y cabellos crecidos después de la muerte y boca llena de sangre. Se concluyó que estaban en presencia de otra epidemia vampírica y se realizaron los ritos de rigor. Al exorcizarlos, estaban repletos de sangre no coagulada.

La amplia documentación que existe sobre el caso de Paole y de los vampiros de Medvedja ha sido fuente de estudios y conjeturas. El crecimiento de uñas y cabellos en la tumba y la boca llena de sangre, características atribuidas a los *nosferatu* en el imaginario popular y encontradas en el cuerpo de Paole y de los otros *no muertos* de Mejdejva, han sido explicadas actualmente a la luz de la medicina como fenómenos comunes en los cadáveres. También los gritos y movimientos al ser clavada la estaca, consecuencia de la expulsión de los gases acumulados en el cuerpo y la presión ejercida por el madero en los huesos de la caja torácica. Incluso la supuesta lozanía o conservación ha sido aclarada. Ramón Hervás nos comenta al respecto:

> Hay zonas, en efecto, donde la combinación entre las tierras de los cementerios junto con la anormal constitución fisiológica de algunos hombres enterrados, puede ocasionar que el cadáver quede preservado de la natural corrupción.
>
> Esta doble circunstancia y la superstición de otras épocas, amén del contagio emocional, han supuesto las causas determinantes de las epidemias vampíricas que en otros tiempos asolaron diversas regiones de Europa (1999, p. 20).

En su momento, distintos personajes históricos fueron identificados como vampiros. Como Gilles de Montmorency-Laval, barón de Rais (1404 - 1440), Mariscal de Francia y otrora compañero de armas de Juana de Arco. Prisionero de su vida disoluta y de la soledad de sus inmensas posesiones se dedicó al estudio de la alquimia y a la búsqueda de la piedra filosofal, creyendo encontrarla en la sangre. En un proceso marcado por el horror que inspiraban los crímenes cometidos, Gilles de Rais fue encontrado culpable de propiciar terribles tormentos y finalmente la muerte a más de 200 niños y adolescentes. O Erzsébeth Bathory (1560 - 1614), "la condesa sangrienta". En su castillo de Csejthe, cerca de los Cárpatos, atrajo a numerosas jóvenes, en su mayoría campesinas. Allí las torturaba y desangraba para luego bañarse en su sangre. Esta práctica, según su creencia, la mantenía joven y lozana. Enjuiciada en 1611 acusada de practicar "magia roja" fue condenada a vivir el resto de sus días en lo

Vladislav III de Valaquia (1431 - 1476), también conocido como "Drácula". Su crueldad y su inclinación por la muerte y la tortura hicieron que sus contemporáneos lo consideraran un vampiro. El escritor irlandés Bram Stoker (1847 - 1912) se inspiró en este voivoda (monarca) para crear al personaje principal de su novela de vampiros Drácula (1897).

alto de una torre de su castillo con las ventanas tapiadas. O el voivoda de Valaquia, Vlad III (1431 - 1476), acaso el más famoso de todos. Fue un cruel monarca, tenaz enemigo de los turcos otomanos y un valiente defensor de la religión cristiana. Conocido en el pueblo con el sobrenombre de "Tepes"[4], palabra que hace alusión a su forma de tortura favorita, empalar, y también llamado "Drácula"[5] por la nobleza, en recuerdo de su padre, antiguo caballero de la Orden del Dragón[6]. Ha pasado a la historia como un héroe nacional rumano y como un sanguinario gobernante. Para los cronistas alemanes de su época, era la encarnación de un demonio. Para los pueblos, un siniestro vampiro.

En todas estas figuras y en muchas otras la imaginación de las gentes creyó advertir vampiros. La posteridad, a través de la literatura y otras expresiones ha potenciado esa visión. Sin embargo, en su época dicho enfoque no pasó de ser la opinión de algún cronista o del común de las gentes. El caso de Paole y de los vampiros de Medvedja es distinto. Ampliamente difundido en su tiempo, el *nosferatu* se convirtió en tema de reflexión y discusión para los racionalistas, generalmente impugnándolo como superchería. Así, José Luis González nos dice lo siguiente "*Conocidos eruditos, armados con la fuerza de la razón, fustigaron en sus obras a tales creencias. Voltaire, en su Diccionario Filosófico, se indignaba ante la creencia en dichos seres en pleno siglo XVIII*" (2008, p. 5). Más adelante, el mismo autor agrega:

---

[4] Del rumano "Ţepeş": Empalador.

[5] En rumano, "drac" significa "diablo" y "ul" es el articulo determinado –el, la los, las–. "Dracul" vendría a ser "el diablo" o "el dragón". Este último significado por la asociación cristiana que hay entre este ser fantástico y el demonio.

[6] Orden militar, fundada en 1408 por Segismundo de Hungría (1368 – 1437), rey de Hungría y Croacia (1387 – 1437). Formada esencialmente por nobles húngaros, alemanes, croatas e italianos, la Orden tenía un carácter católico, erigiéndose como defensora de la religión, de la cruz y de la Iglesia católica.

También Rousseau terció sobre el tema, esta vez de manera irónica: "Si hay en el mundo una historia bien documentada es la de los vampiros. No le falta nada: procesos orales, certificados de notables, de cirujanos...". Por razones fáciles de explicar, el sentido de tal sentencia ha sido manipulado por quienes pretenden legitimar la cuestión, amparándose tras el nombre de un ilustre racionalista (p. 5).

A pesar de que se editaron y se reeditaron numerosas obras sobre el tema, el vampiro fue, en general, desestimado por los racionalistas. Pero lo que los hombres de la ilustración rechazaban los románticos lo tomaban como bandera. Y así, de sus tumbas en los cementerios, de vagar por las noches en aldeas y solitarios caminos el personaje comenzó a transitar por el misterioso bosque de la literatura.

Los seres vampíricos de leyenda

Hasta ahora hemos hablado de los "seres vampíricos de la Antigüedad" para hacer referencia a entes de naturaleza vampírica con una ubicación espacial amplia y situados en el marco temporal denominado Antigüedad. También precisamos al "vampiro medieval" como el *no muerto* de las leyendas de la Edad Media nacidas en el este Europa. Pero aparte de estos seres hay otras entidades vampíricas que forman parte del imaginario de muchos pueblos y cuya ubicación temporal es difícil precisar.

Tenemos por ejemplo al *abchanchu* boliviano. Vestido de ropas indígenas y bajo la apariencia de un anciano calvo y gordinflón, requiere la ayuda de los viajeros en parajes solitarios. Su rasgo más característico es su sonrisa perenne, inalterable, que lejos de tranquilizar a quienes tienen la mala fortuna de toparse con un *abchanchu* más bien los deja sumidos en zozobra. Luego de convencer a algún incauto, el *abchanchu* lo conduce a su guarida en alguna cueva del altiplano donde le da muerte y se alimenta de su sangre. La única forma de salvarse, una vez que se ha caído en la trampa de entrar en la cueva, es animar al *abchanchu* a contar su vida, lo que hará gustoso y le tomará hasta el amanecer.

También podríamos mencionar el caso de los *ceretones*[7], personajes usuales en las tradiciones orales de las sierras falconianas, en Venezuela. Rafael Olivares Figueroa, en su libro *Folclore Venezolano* (2000), nos describe así al *ceretón*:

> Son hombres vampiros que entran en las casas a beber la sangre de los niños. Hácense invisibles y operan a altas horas de la noche. También se habla de raptos con el mismo objeto. Hay quienes suponen que no son sino lázaros (leprosos), que beben de esa sangre para purificar la suya. Ni faltan quienes los consideran como espíritus malos o almas en pena (p. 63).

Hay entonces presencia de entidades vampíricas en distintas épocas y lugares. En Surinam podemos encontrarnos con la *azeman*. Mujer de día, en las noches se desprende de su piel y convertida en murciélago buscará mujeres que duerman con los pies descubiertos para sorberles la sangre por los dedos. Luego de saciarse regresará a su casa a cubrirse con su epidermis antes de que amanezca porque la luz del sol puede matarla en su forma de murciélago. A su vez,

---

[7] El autor de este ensayo conoce referencias orales que colocan al *ceretón* como algún tipo de "brujo sexual" que por medio de algún pacto demoniaco adquiere sus poderes de *ceretón* (esencialmente la invisibilidad) para tener acceso a mujeres. El *ceretón* sería el equivalente, desde esa visión, del "zángano" de los andes venezolanos (también un brujo sexual). Otras versiones hablan del *ceretón* como un duende que habita las montañas, preferentemente los lugares cercanos a alguna fuente de agua. Son protectores de la naturaleza y también son muy enamoradizos, pudiendo fácilmente encapricharse de alguna muchacha.

Mercedes Franco en su *Diccionario de fantasmas, misterios y leyendas de Venezuela* (2005) afirma lo siguiente:

> En nuestros pueblos de la costa oriental, se cree que existen "brujas chupasangre" o vampiras. Transformadas en grandes pájaros negros entran de noche a las casas para succionar la sangre de los durmientes. Muchos las han oído caer pesadamente sobre los tejados de las casas (p. 21).

Por consiguiente, aparte de los "seres vampíricos de la Antigüedad" y del "vampiro de la Edad Media" tenemos lo que podríamos denominar los "seres vampíricos de leyenda". Estos últimos carecen de un marco temporal preciso, pero aparentan ser más recientes que los dos primeros. Su ubicación espacial tiende a ser muy específica y las referencias a los mismos se encuentran en la oralidad de los pueblos. Coinciden con los "seres vampíricos de la Antigüedad" y con el "vampiro de la Edad Media" en la sed de sangre y el ciclo vital ligado a la nocturnidad. Otros factores como la motivación, origen, costumbres y vulnerabilidad varían entre unos y otros.

Capítulo II

El vampiro literario

Puesto que déjenme decirles que ha sido conocido en todos los lugares que han sido habitados por los hombres. En la antigua Grecia, en la antigua Roma; existió en Alemania, en Francia, en la India, incluso en el Chernoseso; y en China, que se encuentra tan lejos de nosotros, por todos conceptos, existe todavía, y los pueblos los temen incluso en nuestros días. Ha seguido la estela de los islandeses navegantes, de los malditos hunos, de los eslavos, los sajones y los magiares.

Drácula

Bram Stoker

De la Antigüedad a la Modernidad

En la Rapsodia XI de *La Odisea* se describe el viaje que realiza Odiseo a la morada de Hades, en los confines del mundo. Circe, hija del sol, le ha aconsejado emprender esta aventura que tiene como propósito consultar el alma del tebano Tiresias, quien aún después de muerto conservaba su capacidad de vislumbrar el porvenir.

Embarcándose con un grupo de compañeros, Odiseo inicia su navegación por el Océano. Vientos favorables, enviados por Circe, mantenían henchidas las velas y guiaban al bajel en su audaz travesía. El sol fue poniéndose en el horizonte hasta que las tinieblas cubrieron al navío. Llegados a un país cubierto de nubes y niebla, donde jamás entraban los rayos del sol y apenas era iluminado por las estrellas de una noche eterna, el héroe realiza lo que parece una necromancia: cava un hoyo sobre el que degüella algunas reses y, mientras invoca a

Odiseo y Tiresias, en un dibujo del escultor y dibujante francés Ede Bouchardon (1698 – 1762). Bouchardon, que realizó estudios artísticos en Roma, estuvo fuertemente influenciada por la escultura clásica, como puede observarse en sus dibujos y sus esculturas.

los muertos, llena el hoyo con la "negra sangre" de las reses decapitadas. Al instante aparecen decenas de almas de niños, mujeres, ancianos y guerreros que van rodeando al hoyo con creciente y ensordecedor murmullo. Odiseo, aunque presa del terror, saca su espada y la mantiene encima del ansiado líquido. Distingue el alma de su madre, muerta durante su ausencia en la guerra. A pesar de su deseo de hablar con su madre, Odiseo no permite que ésta se acerque a la sangre hasta no haber interrogado a Tiresias. Al fin se aparece el alma del tebano y al ver al héroe exclama:

"Tiresias.- ¡Laertída, del linaje de Zeus! ¡Odiseo, fecundo en ardides! ¿Por qué, ¡oh infeliz!, has dejado la luz del sol y vienes a ver a los muertos y ésta región desapacible? Apártate del hoyo y retira la aguda espada, para que, bebiendo sangre, te revele la verdad de lo que quieras."

"Así dijo. Me aparté y metí en la vaina la espada guarnecida de argénteos clavos. El eximio vate bebió la negra sangre y hablóme al punto con estas palabras […]" (1977, p. 110).

Sólo después de beber la sangre Tiresias le revela el destino a Odiseo. En esta escena observamos a la sangre como moneda mediadora en las relaciones entre los vivos y los muertos, y más aún, como fuente de vitalidad para las almas. El hombre de la Antigüedad y de los siglos posteriores nos legó sus creencias y su concepción del mundo en épicas, relatos y tradiciones donde hombres y cualquier otro ser, fruto de la imaginación de los pueblos, existió y cambió según las distintas formas que cada época les atribuyó. Y el vampiro, desde sus primeros pasos como los "seres vampíricos", que atemorizaron en la Antigüedad, hasta el vampiro literario, no escapó de estas transformaciones.

Tanto en la Antigüedad como en la Edad Media la literatura emergió como testigo de las mutaciones del vampiro. Víctor Bravo, en *Los poderes de la ficción* (1993), comenta que pueden encontrarse antecedentes de vampiros en *La vida de Apolonio de Tiana*, del sofista griego Filóstrato (160 / 170 - 245 / 248) (1993, p. 97). En esta obra se cuenta la historia de Menipo, uno de los discípulos de Apolonio de Tiana, quien a punto de casarse es alertado por su maestro en pleno banquete nupcial sobre la condición de *lamia* o *empusa* de la novia.

Por su parte, Juan Jacobo Bajarlía, en *Drácula, el Vampirismo y Bram Stoker* (1992), menciona a Somadeva (1035 - 1085), brahmán y poeta de Cachemira quien entre 1063 y 1082 escribió en sánscrito la monumental *Katha sarit sagara* (*Océano de las corrientes de las historias*). Tomando como base la *Brihatkatha* (*La gran historia*), compuesta hacia el siglo III por Gunadya, además de incorporar narraciones provenientes de los *Vedas*, los *Puranas* y el *Panchatantra*, el *Katha sarit sagara* es una compilación de mitos y tradiciones locales del más variado origen. En ella aparecen *Los veinticinco cuentos del vampiro*, donde, entre múltiples peripecias, se nos describe a los *vetalas*, seres metafísicos que se posesionan de cadáveres y consumen a sus víctimas, también de manera metafísica. Louis Renou, en una nota de la edición *Contes du vampire* (Gallimard, 1963) señala lo siguiente: "*Los vetalas aparecieron en la literatura desde el Harivamsa; forman parte del decorado semi demoníaco del tantrismo shivaíta, de donde pasaron al tantrismo budista*" (1989, p. 15 - 16). Bajarlía apunta sobre ellos: "*Estos vampiros, a diferencia de las creencias de Occidente, viven en el cuerpo de sus víctimas*" (1992, p. 34). En la misma nota mencionada anteriormente, Louis Renou aclara que:

> La traducción de *vetala* por "vampiro" es inexacta, pero la conservamos porque está acreditada. En el folclor de Occidente, el vampiro es un animal que atormenta a los cadáveres y sale a chupar la sangre de los vivos a fin de reanimar su fuerza vital. En la India, se trata más bien de una

especie de fantasma alojado en un cadáver, pero que no es succionador de sangre ni necesariamente cruel; es malicioso, capaz de engañar a los hombres cambiando de forma, mas puede ser servicial, como se aprecia en nuestros relatos, donde, en resumidas cuentas, ofrecerá una importante información al rey, cuyo coraje admira (1989, p. 15).

A su vez, Ramón Hervás describe la historia de Abdul Hassan, perteneciente a *Las mil y una noches,* gran recopilación de cuentos, leyendas y tradiciones antiguas de origen griego, árabe y persa. En ella Abdul Hassan *"un hijo de un rico mercader de Bagdad que, sin saberlo, se casa con una lamia"* (1999, p. 23) descubre una noche que su esposa, Nadilla, ha escapado cautelosamente de su lado para regresar en silencio, poco antes del amanecer. La noche siguiente Abdul simula dormir, y cuando Nadilla abandona el lecho la sigue con mucho sigilo hasta un cementerio. Horrorizado, Abdul es testigo de cómo Nadilla, en compañía de un grupo de *golos*[8], destroza y devora un cadáver.

Abdul regresa a su casa y aparenta dormir. Nadilla, nuevamente, regresa a su lado. Al siguiente día Abdul esperó con impaciencia la hora de la cena. Sagaz, ya había notado que su esposa jamás cenaba. Al caer la noche insistió a Nadilla para que cenaran juntos. Ante las repetidas negativas de su esposa, Abdul finalmente la enfrentó con la verdad: su conocimiento sobre su condición de vampiro: *"Vampira declarada, Nadilla fue quemada en una hoguera de sándalo y luego sus cenizas fueron arrojadas al Tigris, de acuerdo con la mejor*

---

[8] Los *golos* o *gulos* son un tipo de vampiro de los países islámicos. Tienen la característica de que pueden, en apariencia, llevar una vida normal: asemejan ser personas corrientes y no son vulnerables a la luz del sol, además de que logran conducirse de manera socialmente aceptada, consiguiendo incluso casarse y llevar una vida en pareja. Pero necesitan alimentarse de sangre, lo que hacen en las noches. Tienden a vivir cerca de los cementerios donde profanan las tumbas y se mantienen con la carne putrefacta de los cadáveres, cuando la sangre escasea.

tradición" (p. 24). El núcleo principal de *Las mil y una noches* parece venir del siglo IX y su redacción definitiva, según Bajarlía, es del periodo que va desde 1475 a 1525 (1992, p. 34). Su primera edición europea data de principios del siglo XVIII, en Francia.

A estas apariciones en la literatura de la Antigüedad y en la medieval siguieron los reportes sobre casos de vampirismo que hicieron autoridades, médicos, funcionarios y aun periódicos de la Edad Media y de la ilustración. José Luis González señala lo siguiente: "*en 1693, la publicación parisina Le Mercure Galant se hace eco de unos extraños fenómenos que se están produciendo en Polonia y Rusia. Unos seres allí denominados upirtz (striges en latín) atacan a los lugareños y al ganado, con el fin de alimentarse de su sangre*" (2008, p. 1). Continúa González relatando cómo la publicación describe con sorpresa a los *upirtz* como "cadáveres vivientes".

Estos cadáveres reanimados, nocturnos y sedientos de sangre que asediaron al hombre de la Edad Media: generalmente debían su condición de *no muertos* a algún pecado en particular. Así, y según la creencia popular en el Medioevo, el suicidio, el perjurio y la lujuria, entre otros, eran pecados que podían acarrear la conversión de un mortal a un vampiro. El cristianismo se posesionó del antiguo mito y de igual forma que la religión fue tema de debate para los hombres de la ilustración estas historias y tradiciones también despertaron el interés de los enciclopedistas y estudiosos del siglo de las luces, bien como reflexión social o simplemente con el objeto de rebatir tales creencias. Para ello, contaron con un abundante corpus de tratados y obras sobre el tema que había comenzado a nutrirse desde fines del siglo XVII y principios del siglo XVIII. González nos dice al respecto:

"Empiezan a escribirse tratados sobre el tema, ampliando lo referido por periódicos o recogiendo los testimonios de viajeros y diplomáticos. Hay muchos ejemplos de esta tendencia: *Magia posthuma* (1706), *Dissertatio Physica de Cadaveribus Sanguisuguis* (1732) y *Dissertatio de Vampiris Serviensibus* (1733), entre otros" (p. 4).

Sin embargo, fue la obra del abad benedictino dom Agustín Calmet (1672 - 1757) la que más favoreció a los *no muertos*. Con el objeto de desmentir la creencia en los vampiros, Calmet recopiló un gran número de historias, tradiciones, leyendas y fábulas de Europa central sobre los vampiros y en 1746 publica su *Disertación sobre las apariciones de los ángeles, de los demonios y de los espíritus, y sobre los espectros y vampiros de Hungría, de Bohemia, de Moravia y de Silesia*. El resultado fue todo lo contrario al esperado por dom Calmet, y un trabajo destinado a rebatir la creencia en los vampiros se convirtió en la principal fuente de información sobre los mismos, transformando a Calmet en objeto de censura por parte de los racionalistas europeos, "*Involuntariamente, el libro contribuyó a consagrar la cuestión, pese a que la intención del religioso era refutarla. Esto le convirtió en blanco de numerosos ataques, y eso que Calmet insistía, a lo largo de las diversas ediciones, en poner al vampiro en tela de juicio*" (p. 4).

Partiendo de mitos y tradiciones de la Antigüedad, el vampiro fue pasando por un proceso que lo llevó a leyendas locales medievales, epidemias vampíricas en Europa del este, informes, tratados y publicaciones en la época de la ilustración y debates entre los racionalistas europeos. Entonces, la poesía europea decide abrirle sus puertas al vampiro, y el 25 de mayo de 1748 aparece *Der Vampir*, del poeta alemán Heinrich August Ossenfelder (1725 - 1801). Poema breve, fue publicado en la revista científica alemana *Der naturforscher*[9], cuyo número en cuestión estaba dedicado al tema de los vampiros. El poema es la amenaza de un amante rechazado por una virtuosa joven. Con una notable carga erótica el amante dice que

[9] En alemán, "El naturalista".

llegará de noche al lecho de su amada a beber de sus mejillas la sangre y darle el beso del vampiro.

En 1773 se publica *Lenore*, del también alemán Gottfried August Bürger. Generalmente considerado como un poema de vampiros, es más una balada sobre espectros y fantasmas. En este poema la doncella Lenore aguarda angustiada el retorno de su amado Guillermo de la guerra de los 7 años. Otros oficiales y soldados regresan de la guerra y la madre de Lenore insinúa que Guillermo ha podido morir o desposarse con alguna joven húngara durante el conflicto. La joven, llena de dolor e incertidumbre y en medio de un episodio que recuerda al libro de *Job* en la *Biblia,* interpela y cuestiona a Dios. Esa noche, a la media noche, un misterioso jinete se aparece en la puerta de su casa. Su parecido con Guillermo es notable y pide a Lenore que lo acompañe a un "lecho nupcial" para ambos. Ella parte con el oscuro jinete cabalgando juntos en un corcel negro, bajo la luz de la luna y por parajes siniestros. Al amanecer llegan a un cementerio donde el misterioso jinete se descubre como la muerte y le muestra el sepulcro donde yacen los despojos de quien en vida fuera Guillermo, mientras la tierra se abre y se traga a Lenore.

Si bien *Lenore* no es propiamente un poema de vampiros, hay en ella mecanismos recurrentes en la figura del vampiro y son la aparición del escenario gótico y sus componentes como telón de fondo de la historia: la noche, la luna, la oscuridad o los colores oscuros, cementerios y tumbas. Todos estos elementos, comunes en las creencias sobre *espectros*, brujas, hombres lobo y vampiros, fueron incorporados a la literatura como lugar de residencia de estos últimos entes. Sobre la influencia de *Lenore* nos dice José Luis González: *"De hecho, Lenore gozó de gran popularidad en Inglaterra cuando el texto fue traducido en 1796. Influyó en Coleridge a la hora de escribir Christabel y, supuestamente, indujo a Percy B. Shelley a dedicarse a la poesía"* (p. 7).

Sobre estos incipientes pasos del vampiro en la poesía europea, González señala: *"Las primeras andanzas del vampiro en el mundo de la poesía, a lo largo del siglo XVIII, se deben a autores germanos. A Ossenfelder le siguieron Thomas Burgüer*[10] *con su obra Lenore (1773) y Goethe con La novia de Corinto (1797), sin duda la más popular en este ámbito*" (p. 6). Ordinariamente se considera a *La novia de Corinto* (1797) como el inicio del vampiro en la literatura. Ramón Hervás nos dice al respecto: "*Goethe, con su poema La novia de Corinto, es el primero en explotar literariamente el tema relatando la historia de un joven que viaja de Atenas a Corinto*" (1999, p. 64). Quizás esta apreciación se deba al renombre de su autor, unido a la calidad y características propias del poema, que incorpora la naturaleza narrativa de *Lenore* (1773) y no tiene la brevedad de *Der Vampir* (1748). En él se cuenta la historia de un joven que, en medio de un viaje, localiza un hospedaje donde se dispone a pasar la noche. Luego de cenar, y estando ya en su habitación recostado, una doncella de silenciosos pasos entra a su cuarto. El joven y la doncella se encuentran entre abrazos, besos y juramentos de fidelidad cuando la dueña del alojamiento, que había escuchado ruidos, entra de improviso y reconoce en la doncella a su hija, muerta meses antes. La doncella revela su condición de vampiro y su necesidad de sangre. Luego de avisar que el joven podría convertirse en un vampiro, la vampiresa ruega a su madre que abra su sepulcro e incinere su cadáver para tener al fin reposo y regresar "con los antiguos dioses".

El poema de Goethe (1749 - 1832), a pesar de ubicarse espacialmente en Grecia, no tiene un escenario dibujado con precisión y el mismo vampiro es descrito más como un *espectro* que como un sediento *no muerto*. González afirma sobre esto último: "*Má s que el vampir o que conocemos, el protagonista de estos versos es una figura que debe calificarse como proto-vampírica. Apenas está perfilada, y se acerca*

[10] Se refiere a Gottfried August Bürger (1747 – 1794).

Johann Wolfgang von Goethe (1749 – 1832), novelista, dramaturgo y poeta alemán, publicó en 1897 su poema La novia de Corinto, tradicionalmente considerado como el inicio de la literatura vampírica.

más a la lamia de la antigüedad clásica que al no muerto centroeuropeo" (2008, p. 6).

Cuatro años después de la publicación de *La novia de Corinto*, aparece el primer vampiro de la lengua inglesa en el poema *Thalaba el destructor* (1801), de Robert Southey (1773 - 1843). El poema, que Southey comenzó a escribir en 1799, está dividido en 12 "libros" donde se narran las aventuras de Thalaba, a lo largo de las cuales el protagonista enfrenta a hechiceros y peligros. En uno de los libros Thalaba ve despertar de la tumba a su esposa muerta, Oneiza. Convencido, junto con los familiares de la difunta que allí se encontraban, de que se trataba de un vampiro, matan al cadáver en pie de Oneiza.

La segunda mención en la lengua inglesa la encontramos en el poema *The Giaour* (1813), de Lord Byron (1788 - 1824). Ambientado en el oriente, su génesis se encuentra en un viaje que Lord Byron hizo entre 1809 y 1810 por Portugal, España, Albania, Malta, Grecia y Turquía. En Grecia conoció las historias referentes a los vampiros y en 1812 comenzó la redacción del poema. Al igual que *Lenore*, el argumento de *The Giaour* no es de vampiros. Se trata más bien de un poema narrativo donde se cuenta un drama pasional que finaliza en una venganza. Además, abandona el contexto gótico para ubicarnos en tierras de sultanes y pachás. Pero, al final del poema, el narrador nos dice que el Giaour está condenado a convertirse en un vampiro y a salir de su tumba a acechar a sus seres queridos.

Tres años después, en 1816, se publica la influyente *Christabel* de Samuel Taylor Coleridge (1772 - 1834). Aunque tercero entre los textos publicados en habla inglesa que mencionan al vampiro, quizás sea el primero en su génesis. Los iniciales apuntes sobre esta obra parecen ser de 1795 y su redacción comenzó entre 1797 y 1798. Retomados los apuntes en 1801 y luego en 1803, fue finalmente publicado en 1816 aun sin terminar. La historia se inicia con el encuentro entre la joven y piadosa Christabel y la misteriosa y seductora Geraldine en la oscuridad nocturna de un bosque.

Christabel, apesadumbrada por la tristeza de su padre quien continuamente se lamenta de su viudez, sale a rezar al bosque. Allí escucha los sollozos de Geraldine. Esta última se confiesa abusada por un grupo de soldados y la joven conduce a la desdichada mujer al castillo de su padre. Acostadas ambas en el mismo lecho se establece una interacción donde las alusiones sexuales y lésbicas rayan en lo explícito. La joven sueña o cree soñar que ha sido vampirizada por su enigmática huésped. La entrada en escena del padre de Christabel, el caballero Leonine, complica más las circunstancias delineándose un triángulo amoroso donde el cortejo que el hidalgo realiza a Geraldine tiene la oposición de su hija, en una mezcla de celos donde la hija que anhela suplir a su madre se confunde con la amante de Geraldine. *Christabel* (1816) representa el retorno de las vampiresas al escenario gótico y además el traslado del vampiro de Grecia o del oriente a Europa. La violencia sexual, el erotismo, el lesbianismo, la relación padre e hija, son elementos que contribuyen a aumentar el valor de esta obra. Lastimosamente, Coleridge nunca finalizó el texto y siempre se refirió a la cantidad de "finales posibles" para *Christabel*. Aun así, es reconocida como predecesora de *Carmilla* (1872) del irlandés Joseph Sheridan Le Fanu (1814 - 1873).

El vampiro volvería a Grecia y en 1820 se publica *Lamia*, de John Keats (1795 - 1821). Si Keats es para algunos el último gran poeta del romanticismo inglés, *Lamia* es el último gran poema del vampiro del romanticismo (según una cronología que propondremos más adelante). Compuesto en la segunda mitad de 1819, el poema fue publicado a mediados de 1820. Es la reescritura del episodio aparecido en *La vida de Apolonio de Tiana*, de Filóstrato (160 / 170 a.C. - 245 / 248 a.C.). La acción se desarrolla en un bosque en las costas de Creta, en una historia llena de faunos, sátiros, ninfas y dioses.

Toda esta serie de poemas sobre vampiresas serían el telón de fondo para que en 1819 ocurra lo que, en palabras de Víctor Bravo, sería el primer gran momento de la literatura de vampiros con la publicación de *El vampiro*, de John Polidori (1795 - 1821). El propio

Víctor Bravo nos describe así el argumento de esta novela corta "*En la novela de Polidori el protagonista es un joven libertino muerto en Grecia que, trocado en vampiro, seduce a la hermana de su amigo e inicia con ella su ola de crímenes*" (1993, p. 98). Basando en un bosquejo hecho por Lord Byron y en la propia apariencia y personalidad de Lord Byron, Polidori narra la historia del pérfido Lord Ruthven, quien lleva una vida de vicios y haciendo caer ellos, en el oprobió o en la ruina, a todas las personas que están a su alcance. Esta obra tiene una importancia de talante fundacional en la literatura fantástica. Con Polidori, el *no muerto* deja la senda de la poesía para entrar de lleno en la narrativa. Por su extensión es casi una novela corta además de dibujar lo que desde entonces sería la apariencia del *espectro*: una persona elegante, misteriosa, seductora y atractiva. El vampiro empieza a moverse en círculos sociales más altos y ya no ataca a viajeros, campesinos o al ganado. Atrás quedarían los *no muertos* de aspecto terrorífico o las doncellas que bajo un aspecto virginal escondían el encanto de la antigua *lamia*.

Después de *El Vampiro*, de Polidori, se sucedieron una cantidad de textos sobre *no muertos*, entre ellos *Varney el Vampiro*[11] (1847), de James Malcolm Rymer (1814 - 1884), y la anteriormente mencionada *Carmilla* (1872), de Joseph T. Sheridan Le Fanu (1814 - 1873), hasta llegar al *Drácula* (1897), del irlandés Bram Stoker (1847 - 1912). Con *Drácula* llegamos a la consolidación del vampiro en la literatura y a la culminación de un largo proceso de transformaciones. El modelo

---

[11] *Varney el Vampiro* fue publicada por entregas, en folletines, entre los años 1845 y 1847, alcanzando la inusual cifra de 220 capítulos. La versión definitiva (que incluso suprimía algunos pasajes) fue publicada en tres tomos en 1847. Algunos estudiosos mencionan a Thomas Preskett Prest (1810 - 1859) como su verdadero autor. Sin saber con exactitud quien pudo haber sido el que más contribuyó en la creación del personaje, es innegable que varios escritores prestaron su pluma y su talento para esta obra. A efectos de este estudio seguiremos considerando al escocés James Malcolm Rymer (1814 - 1884) como el creador de *Varney*, y el año de 1847 como el de su publicación.

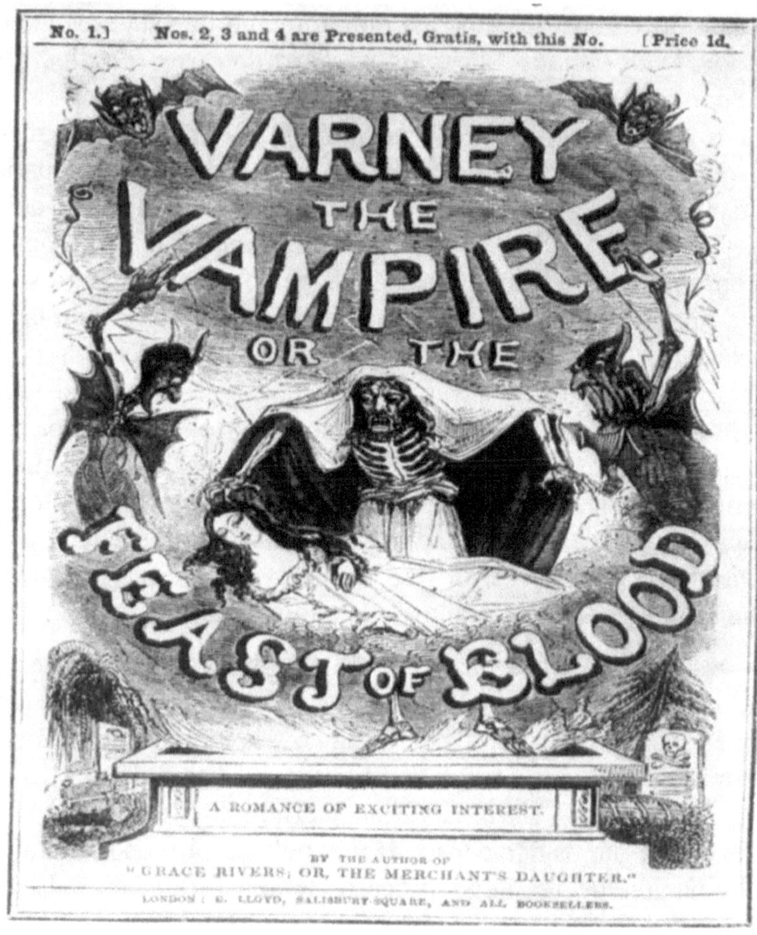

Ilustración decimonónica correspondiente a la publicación de Varney el Vampiro (1847) de James Malcolm Rymer (1814 – 1884).

literario alcanza su madurez y se perfilan los rasgos definitivos del ente. Víctor Bravo, en referencia a la importancia de *Drácula* afirma

lo siguiente: *"Después de Polidori, el segundo gran momento de la literatura de vampiros se va a producir en 1897, cuando Bram Stoker (1847 - 1912) publica Drácula"* (1993, p. 98).

El *no muerto* se inscribe definitivamente en la literatura y el cine, y otras expresiones se harían eco del modelo. Desde distintas formas del arte se explorarían nuevas visiones, cada una con personalidad propia, pero originadas en el patrón literario.

Las edades del vampiro literario

Anteriormente hemos hecho referencia a los seres vampíricos de la Antigüedad y al vampiro medieval. En ambos casos nos referimos a entidades que, en las creencias de los pueblos, existían y eran parte de su cotidianidad. Se creía que se les podía hallar en los caminos solitarios, en los cementerios, en las ruinas, en los bosques, en las tormentas y en las noches. Eran temidos y evitados. Desde los nobles de más alto rango hasta las gentes más humildes podían contar supuestas experiencias con estos seres. De esa certeza no escapaban religiosos, médicos ni funcionarios.

Al hablar ahora del vampiro literario nos referiremos a estos mismos seres descritos inicialmente y a otros creados posteriormente a partir del modelo cultural, pero desde la visión del hecho literario. Para su estudio, proponemos una serie de periodos más o menos delimitados por características afines en la producción. Dicha cronología ofrece características problemáticas, esencialmente porque el *no muerto* en la literatura es la prolongación de procesos culturales sincréticos iniciados con anterioridad sobre los cuales resulta arbitrario establecer el momento de la transición entre los precursores y la consolidación plena del modelo, además de encontrarse con que las épocas se superponen. Por ejemplo, la obra que inaugura la entrada de los vampiros en la poesía del romanticismo, *Der Vampir*

(1748), de Ossenfelder (1725 - 1801), es anterior al *Diccionario filosófico* (1764), de Voltaire (1694 - 1778), donde se trata de rebatir la creencia en los *espectros*. Así mismo, *Lamia* (1820), de Keats (1795 - 1821), aparece un año después de *El Vampiro* (1819), de Polidori (1795 - 1821). Los textos se intercalan y mientras el vampiro comienza su andar en la literatura romántica, aún los racionalistas están tratando de refutar al ente de las leyendas. A pesar de las vacilaciones en cuanto a instituir fechas exactas, es posible aventurar etapas en el desarrollo del modelo sobre la base de los textos más representativos y su correspondencia con determinadas épocas históricas. Dichas etapas serían las siguientes:

El vampiro mítico

Constituido por todos aquellos entes de la Antigüedad de carácter vampírico sobre los cuales hubo producción literaria: dioses, seres primigenios y finalmente demonios y otros seres míticos. Entre los dioses hemos mencionado anteriormente a Baal, Astarté, y otras deidades. Entre los seres primigenios hicimos referencia a *Lilit*, primera mujer creada por Dios y ser vampírico hebreo. Entre los demonios mencionamos a los *utuq* árabes, los *brucolacos* griegos y a las *lamias,* las *empusas* y las *striges* de Grecia y de la antigua Roma.

Los textos que hacen mención sobre estos personajes serían entonces las primeras citas referentes a los vampiros. Sin embargo, como obra representativa tomamos *La vida de Apolonio de Tiana*, de Filóstrato (160 / 170 - 245 / 248), del siglo III de nuestra era. Por otra parte, la ubicación espacial del vampiro mítico es incierta, pudiendo encontrarse seres vampíricos en muchas culturas de la Antigüedad. Sin embargo, a efectos de este estudio hemos hecho referencia esencialmente a seres vampíricos ubicados en el cercano oriente, el Mediterráneo, la antigua Roma y en la península griega.

El vampiro pre-romántico

El vampiro de la Edad Media (siglo V al siglo XV) es el resultado de procesos de sincretismo entre los vampiros míticos y la religión cristiana. El personaje deja de ser un individuo aparte del hombre para ser el hombre mismo, trocado en *espectro* como consecuencia del pecado. Durante este periodo es el imaginario popular el principal constructor de relatos a través de leyendas locales, testimonios sobre supuestas epidemias vampíricas o informes sobre hechos o personajes reales, como Gilles de Montmorency-Laval, barón de Rais (1404 - 1440), Erzsébeth Bathory (1560 - 1614), "la condesa sangrienta", o el voivoda Vlad III de Valaquia (1431 - 1476), también conocido como "Drácula". Sobre estos personajes se centró el decir popular convirtiéndolos para el momento histórico y para la posteridad en "vampiros".

Finalizada esta etapa se suscita una explosión sobre el tema vampírico, que empieza a fines del siglo XVII o a principios del siglo XVIII y se prolonga hasta el segundo tercio del siglo XVIII. Durante este periodo en Europa el tópico de los *no muertos* se transforma en objeto de reflexión y de debate por parte de los ilustrados, de estudio para algunos autores y de interés y preocupación para las autoridades.

Como textos representativos se señalarían los informes sobre supuestas epidemias vampíricas, sobre casos aislados o referencias sobre personajes históricos. Podríamos citar los informes sobre los vampiros de Medvedja (1725 y 1732), la *Disertación sobre las apariciones de los ángeles, de los demonios y de los espíritus, y sobre los espectros y vampiros de Hungría, de Bohemia, de Moravia y de Silesia* (1746) de dom Agustín Calmet (1672 - 1757), y el *Diccionario filosófico* o *La Razón por el alfabeto* (1764), de Voltaire (1694 - 1778). Estas tres obras, respectivamente, nos ofrecen las tres vertientes distintas sobre el tema de los vampiros para la época: los informes oficiales sobre el tema, realizados por médicos y funcionarios locales; los tratados que hablan sobre los vampiros, obra de diversos estudiosos, que recogen historias y leyendas sobre los no muertos y finalmente la especulación de los racionalistas y enciclopedistas. También la *Katha sarit sagara* (*Océano de las corrientes de las historias*), escrita en sanscrito entre 1063 y 1082 por Somadeva (1035 - 1085), y *Las mil y una noches,* (entre los siglos IX y XV - XVI). Ambas obras, si bien es difícil precisar sus posibles influencias sobre el tema del *nosferatu* en Europa y la época en que ejercieron dicha influencia (la primera edición europea de *Las mil y una noches* es de principios del siglo XVIII, en pleno auge del tema vampírico) merecen ser mencionados por su carácter de textos literarios.

El vampiro del romanticismo

En esta etapa se hace literatura a partir de la figura del vampiro. Se extiende desde finales del siglo XVIII hasta la publicación de *Lamia* (1820) de John Keats (1795 - 1821).

Si bien el romanticismo como corriente literaria extendió su influencia hasta mediados del siglo XIX, damos por finalizada la etapa del vampiro del romanticismo con el poema de Keats. El criterio para esta propuesta de marco temporal tiene que ver con el carácter relativamente homogéneo de la producción que sobre los vampiros hay en los textos de este periodo, siendo Inglaterra y Alemania los lugares de creación literaria. Durante la etapa del vampiro del romanticismo el poema es la forma de expresión. Destaca el hecho de que sean vampiresas, en muchos casos con los atributos de la antigua lamia. Espacialmente, Grecia y el oriente son las zonas geográficas definidas, y cuando el escenario rememora a Europa, el lugar no es dicho con claridad. El erotismo y las alusiones amorosas son frecuentes, al igual que la atmósfera gótica. El tema religioso, bien sean menciones paganas o cristianas, está presente.

De los textos paradigmáticos de este lapso, mencionaríamos *Der Vampir* (1748) del poeta alemán Heinrich A. Ossenfelder (1725 - 1801), como iniciador de esta etapa, y a *La novia de Corinto* (1797), de Goethe (1749 - 1832), y *Christabel* (1816), de Samuel Taylor Coleridge (1772 - 1834), como los textos más logrados. También puede tomarse al poema de Ossenfelder como un antecedente y al de Goethe como verdadero iniciador, de acuerdo con el punto de vista. La época vampiro del romanticismo finaliza con *Lamia* (1820), de John Keats (1795 - 1821).

El vampiro decimonónico

El vampiro decimonónico viene a ser la culminación de los nuevos paradigmas iniciados con *El Vampiro* (1819), de Polidori (1795 - 1821), y cuya versión más lograda es *Drácula* (1897), del irlandés Bram Stoker (1847 - 1912), acaso el modelo definitivo del vampiro literario moderno.

En este intervalo la narrativa se adueña del personaje y la producción literaria es profusa. Leyendas y mitos se confunden con las aportaciones de los autores. El vampiro deja de ser el inquietante *no muerto* sediento de sangre de las leyendas medievales o la en apariencia frágil doncella del romanticismo para convertirse en un seductor, enigmático y atrayente personaje, generalmente masculino y con frecuencia de ascendiente noble. La metamorfosis, el poder sobre las tormentas y la niebla, la licantropía, los dientes largos y afilados, el hipnotismo y la fuerza sobrehumana son rasgos distintivos de varios tipos de vampiros medievales que se juntan en este periodo. La maldición del vampiro no es solamente tener que sorber la sangre de sus familiares, sino también "existir" en esa condición eternamente. La sed de sangre y la sed de hacer el mal se mezclan, y el deseo y el placer de aniquilar a los vivos pareciera por momentos su único móvil. El vampiro decimonónico recoge la herencia del romanticismo en cuanto al erotismo y los escenarios góticos. El tema religioso no es el fundamento de las tramas y sus referencias a él pasan generalmente por ser una manera de destruir al *nosferatu*.

Ilustración decimonónica correspondiente a la publicación de Carmilla (1872), de Joseph T. Sheridan Le Fanu.

Mencionaremos como obras paradigmáticas de este periodo *El Vampiro* (1819), del médico ingles de origen italiano John Polidori (1795 - 1821), inaugurador de la etapa y del modelo, aunque de cuestionables valores literarios; *Vampirismo* o *Aurelia la vampiro* (1821), de E. T. A. Hoffman (1776 - 1822), primer vampiro femenino en la prosa europea; *La muerta enamorada* (1836), de Teophile Gautier (1811 - 1872); *La familia del Vurdalak* (1839), del poeta y dramaturgo ruso Alekséi K. Tolstói (1817 - 1875); *Varney el vampiro* o *El festín de sangre* (1847), de James Malcolm Rymer (1814 - 1884); *Carmilla* (1872), de Joseph T. Sheridan Le Fanu (1814 - 1873); *La verdadera historia de un vampiro* (1894), del alemán Eric Stanislaus von Stenbock (1860 - 1895), obra aún no bien estudiada ni ponderada; y finalizaríamos esta etapa con *Drácula* (1897), del médico irlandés Bram Stoker (1847 - 1912).

Drácula y los siete signos del vampiro

Una vez fijados los límites temporales entre las distintas etapas, conviene establecer las direcciones principales en la producción literaria. El modelo del vampiro literario moderno se corresponde con el descrito anteriormente en el vampiro decimonónico, siendo *Drácula* (1897), el producto más logrado y paradigma del vampiro en la literatura. La novela del irlandés Bram Stoker tiene como base los estudios de ocultismo realizados por el autor, sus investigaciones sobre el tema vampírico y sus lecturas de otras obras vampíricas. La novela breve *Carmilla* (1872), de Joseph T. Sheridan Le Fanu (1814 - 1873), fue, por ejemplo, leída por Stoker.

Stoker trabajó e investigó muchos años en la creación de su novela y de su personaje principal: el conde Drácula. Bajarlía nos menciona al respecto:

El protagonista de Drácula está inspirado en el histórico Vlad Tepes el Empalador, príncipe de Valaquia, nacido en

Transilvania, en 1430 ó 1431. Fue hijo de Vlad II, a quien sus contemporáneos condecoraron con la *Orden del Dragón* para distinguirle en su lucha contra los turcos.

El Empalador gobernó en Valaquia en 1448, 1456 y 1476, el año de su muerte en la batalla de las proximidades de Bucarest. Combatió ferozmente contra los turcos y los alemanes, y fue conocido como *Dracul*, sobrenombre originado en la *Orden del Dragón* de su padre (1992, p. 24).

Stoker indagó sobre la vida de Vlad III, y su conocimiento sobre el sanguinario *voivoda* de Valaquia fue determinante para creación del personaje:

En ese mismo año de 1890 tuvo un encuentro con el historiador húngaro Arminius Vambery. Y en contacto con él se enteró de la existencia de Drácula el Empalador, el sanguinario Vlad Tepes, dos veces Rey de Valaquia, en lo que ahora es el territorio de Rumania. Las conversaciones con el húngaro lo llevaron al *British Museum*, donde completó su información con las leyendas del feroz personaje (p. 12).

Así, de sus investigaciones históricas, literarias, ocultistas y de leyendas nace la novela *Drácula*. Leyendas sobre los vampiros y sobre un personaje tenido como tal, historia y un siglo de literatura vampírica se conjugan en esta novela. Félix Llaugué Dausá, miembro de *The Dracula Society* nos dice sobre el maligno conde que: *"Es tan importante el personaje creado por Stoker que no hay que olvidar que continuamente se producen películas y escriben obras sobre este tema"* (1999, p. 7). A su vez, H. P. Lovecraft en su ensayo *Sobre lo gótico en la literatura* (1974) manifiesta lo siguiente sobre la obra de Bram Stoker:

Pero lo mejor de todas las obras de este autor en su famoso Drácula, que se ha convertido casi en el modelo de explotación moderna del escalofriante mito del vampiro. El conde Drácula, un vampiro que vive en un horrendo castillo de los Cárpatos, emigra finalmente a Inglaterra con la intención de poblar el país de vampiros como él. La forma en que un inglés deambula en la espantosa fortaleza de Drácula y cómo finalmente se ve frustrado su plan infernal de dominación, forman una novela que muy acertadamente ocupa un puesto permanente en las letras inglesas (p. 225).

Drácula concluye, completa e inicia una serie de momentos en la literatura de vampiros. Los códigos inconfundibles del personaje en la literatura moderna son reunidos de la narrativa decimonónica sobre vampiros en la novela de Stoker. Víctor Bravo, en *Terrores de Fin de Milenio* (1999), enumera algunos rasgos del personaje de la siguiente manera: "*La fascinación por el vampiro recorre la literatura con los signos contradictorios de la peste y la seducción, de la parálisis y el erotismo, de la maldición y la metamorfosis*" (p. 70). Y más adelante, en su "Gramática del Vampiro", resume así al ente para finalizar hablando del carácter "fundacional" de la novela de Stoker:

El vampiro es la manifestación del horror íntimo y abismal que vive en el frágil equilibrio de la vida: de allí la expansión, como una red de representaciones, de su gramática: la inmortalidad, paradojal, desde la muerte, que se alimenta de la vida; el erotismo como la danza y el lenguaje de la destrucción del otro; el desamparo y la crueldad como fuerzas entrecruzadas; la maldición como

Bram Stoker (1847 – 1912), escritor y medico irlandés que en 1897 publicó su novela Drácula. Stoker, aficionado al ocultismo y escritor de varios relatos de terror, investigó durante varios años para dar vida al más famoso no muerto de la literatura.

destino; la peste como huella de la destrucción; la metamorfosis como el "gran pasaje" de la alteridad entre la vida y la muerte, entre lo humano y lo animal, entre lo oscuro y la luz: el mal absoluto, el que se manifiesta en el vivir mancillando la vida, y en esa gramática, como representación de lo oscuro, la aparición del carruaje atravesando la noche entre árboles fantasmales y aullidos de lobos, el castillo como lugar de la lejanía donde lo oscuro anida y amenaza con expandirse hacia el mundo; el espejo reproduciendo el horror vampírico desde el vacío, desde la ausencia; en esta representación, legada por la novelística gótica y recogida, en un acto de fundación novelística, por Bram Stoker en *Drácula*, la alteridad se manifiesta en sus diversas formas y con las inflexión del horror (p. 86).

Con *Drácula*, el vampiro toma una forma definida, una apariencia, un perfil que lo acompañará en sus andanzas nocturnas. Asimilando al maligno conde, dichos signos o características son siete, a saber: La sed de sangre, el erotismo, la soledad y lo gótico, los rostros, el demonismo, la maldición y la perennidad.

La sed de sangre

Encontrándose en su despacho de superintendente, el doctor Seward observa sorprendido cómo la puerta se abre de golpe y el enloquecido Renfield avanza hacia él con un cuchillo de cocina. Antes de que pueda salir de su sorpresa, este le propina una profunda herida en la muñeca. El doctor sangra profusamente y procede a vendarse sin que el paciente intente otro ataque. Acuden a su oficina sus asistentes y junto a él son testigos de la extraña conducta de Renfield:

Cuando mis asistentes entraron corriendo y pusimos nuestra atención sobre él, su aspecto positivamente me enfermó. Estaba acostado sobre el vientre en el suelo, lamiendo como un perro la sangre que había caído de mi muñeca herida. Lo sujetamos con facilidad, y, para sorpresa mía, se dejó llevar con bastante docilidad por los asistentes, repitiendo una y otra vez:

— ¡La sangre es la vida! ¡La sangre es la vida! (2001, p. 82).

Trastornado por su contacto con el conde de Transilvania, trata de consumir sangre a imitación del vampiro. En esta escena de la novela *Drácula* (1897), nos encontramos con la sangre, en las afirmaciones de Renfield, como "la vida" y como Renfield busca llenarse de esa vida, aun lamiéndola del piso. Fertilidad para la tierra, tributo para los dioses, fuente de dones para guerreros y cazadores, vida para demonios, espíritus y animales fantásticos, la sangre, desde la Antigüedad, recorrió un largo camino como alimento de distintos entes antes de llegar a la literatura como fuente de vitalidad del vampiro.

Abriendo un ataúd, en la novela *Drácula* (1897), Jonathan Harker se sorprende al encontrar dentro del féretro a su siniestro anfitrión. Lo que más lo impresiona es comprobar que el antes decrepito anciano ha rejuvenecido: Ya no son blancos sus cabellos, sino gris oscuro, y todo su aspecto indicaba que el maligno conde se había alimentado copiosamente:

...sobre sus labios había gotas de sangre fresca que caían en hilillos desde las esquinas de su boca y corrían sobre su barbilla y su cuello. Hasta sus ojos, profundos y centelleantes, parecían estar hundidos en medio de la carne hinchada, pues los párpados y las bolsas debajo de ellos estaban abotagados. Parecía como si la horrorosa criatura simplemente estuviese saciada con sangre (2001, p. 29 - 30).

Mirando la sangra fresca descender desde la comisura de aquellos labios, y aquel semblante satisfecho, Harker, horrorizado, piensa:

Aquél era el ser al que yo estaba ayudando a trasladarse a Londres, donde, quizá, en los siglos venideros podría saciar su sed de sangre entre sus prolíficos millones, y crear un nuevo y siempre más amplio círculo de semi demonios para que se cebaran entre los indefensos (p. 30).

Alimento y vida del *nosferatu*, la sangre es objeto constante de su inclinación y fuente de su fuerza y vitalidad. En ésta misma obra el profesor Van Helsing cuenta lo siguiente:

El vampiro sigue viviendo y no puede morir simplemente a causa del paso del tiempo; puede fortalecerse, cuando tiene oportunidad de alimentarse de la sangre de los seres vivos. Todavía más: hemos visto entre nosotros que puede incluso rejuvenecerse; que sus facultades vitales se hacen más poderosas y que parecen refrescarse cuando tiene suficiente provisión de sangre humana. Pero no puede prosperar sin ese régimen; no come como los demás (p. 141 - 142).

A su vez, en *Carmilla* (1872) la joven Laura describe la sed de sangre de los vampiros de la siguiente manera:

Su monstruosa avidez de sangre de seres vivos les proporciona la energía necesaria para subsistir durante las horas de vigilia. El vampiro está propenso a ser víctima de vehementes pasiones, parecidas a las del amor, ante determinadas personas. Para obtener su sangre, pone en juego una paciencia infinita y recurre a toda clase de estratagemas a fin de superar los obstáculos que le separan del objeto deseado. No desiste de su empresa hasta que su pasión ha sido colmada y ha podido sorber la vida de la codiciada víctima. Llegan incluso a contraer matrimonio con ella, prorrogando su placer criminal con el refinamiento de un epicúreo. Pero con más frecuencia se encamina directamente a su objetivo, vence por la fuerza y devora a su víctima en un festín (2002, p. 69).

Víctor Bravo, en *Los poderes de la ficción* (1993), reflexiona sobre *El Vampiro* (1819), de Polidori, como modelo básico del romanticismo para la figura de la alteridad. En su reflexión, Víctor Bravo señala el consumo de la sangre como elemento primordial de ese "otro" que personifica el Mal en la literatura romántica:

En efecto, la recuperación de la vida a través del despojo de la vitalidad de los otros (por medio de la extracción de la sangre) y la aniquilación del ámbito donde irrumpe, hacen del Vampiro, de Polidori, el modelo básico que la literatura romántica propone, como una de las formas de alteridad que se pone en escena cuando una extraterritorialidad, un "afuera", la expresión de lo otro que encarna el Mal, intenta aniquilar el ámbito de las expectativas cotidianas (p. 98).

Así como el niño sorbe la subsistencia del pecho de su madre, el *nosferatu* succiona la vida del cuello de sus víctimas en un acto que involucra un nuevo renacer en su condición de *no muerto*. Simbólicamente implica la transmisión de la existencia de un ser a otro. El vampiro resurge en cada alma que condena y se reafirma a si mismo propagando su maldición. La cesión de la vida del uno hacia el otro a través del consumo de la sangre, signo fundamental del vampiro.

El erotismo

A pesar de que muchos "seres vampíricos de la Antigüedad" tenían un marcado carácter sexual (*Lamia, Empusa*, la *strix*, el *utuq*) y también varios "vampiros medievales" (el *strigoi*, el *muló*) el erotismo del vampiro tiene mucho del aporte de la literatura decimonónica a este personaje. Ya en *Der Vampir* (1748), del alemán Heinrich August Ossenfelder (1725 - 1801), el amante dice que llegará de noche al lecho de su amada a beber la sangre de sus mejillas y darle el "beso del vampiro". En *Carmilla* (1872), del irlandés Joseph Sheridan Le Fanu (1814 - 1873), Laura describe ese contacto de la siguiente manera:

> A veces sentía el roce de una mano que me acariciaba las mejillas; otras, la presión de unos labios ardientes que me besaban, más apasionadamente a medida que los besos descendían hacia mi garganta. Allí sentía el último beso. Mi corazón latía más de prisa, mi respiración se hacía más entrecortada. Luego experimentaba una sensación de ahogo y, en medio de una terrible convulsión, perdía la consciencia (2002, p. 41).

José Luis González, en referencia a la postura del movimiento romántico respecto a los vampiros, acota lo siguiente: *Frente al pensamiento positivista impulsado por la Ilustración, surgió una reacción, que oponía la pasión a la razón, y que defendía una mirada nostálgica a un pasado repleto de héroes y maravillas* (2008, p. 5). Esa mirada romántica, llena de pasión y sensibilidad, dotó al vampiro literario de muy definidas cualidades de fascinación y voluptuosidad. *La novia de Corinto* (1797), de Goethe (1749 - 1832); *Christabel* (1816), de Samuel Taylor Coleridge (1772 - 1834); El Vampiro (1819), de John Polidori (1795 - 1821); *La muerta enamorada* (1836), de Teophile Gautier (1811 - 1872); y *Carmilla* (1872), de Joseph T. Sheridan Le Fanu (1814 - 1873), entre otras obras, están llenas de alusiones eróticas o sexuales, y siempre en relación con la muerte.

En *Drácula* (1897) Jonathan Harker sale de su habitación a recorrer el castillo del Conde. Caminando entre oscuros aposentos y derruidos pasillos, Harker mira atónito a tres vampiresas acercarse a él:

> Las tres tenían dientes blancos brillantes que refulgían como perlas contra el rubí de sus labios voluptuosos. Algo había en ellas que me hizo sentirme inquieto; un miedo a la vez nostálgico y mortal. Sentí en mi corazón un deseo malévolo, llameante, de que me besaran con esos labios rojos (2001, p. 21).

Y el doctor Seward describe así a Lucy, ya convertida en vampiresa: "*Era ella. Pero, ¡cómo había cambiado! Su dulzura se había convertido en una crueldad terrible e inhumana, y su pureza en una perversidad voluptuosa*" (p. 124).

Georges Bataille, en *La literatura y el mal* (1981), define así el erotismo: "*el erotismo es, creo yo, la ratificación de la vida hasta en la muerte*" (1981, p. 22). El acto o la presencia erótica aparecen así como una reafirmación de la existencia del vampiro, aun en su condición de no estar ni vivo ni muerto. El erotismo es entonces una de las maneras de negación de la muerte. El mismo Bataille completa lo anterior al decir: *"Tanto si se trata de erotismo puro (amor - pasión) como de sensualidad de los cuerpos, la intensidad es mayor en la medida en que se vislumbra la destrucción, la muerte del ser"* (p. 22).

El erotismo del vampiro, latente desde el deseo y la voluptuosidad, explícito desde el beso y la mordida, marca a sus víctimas como las heridas que dejan sus colmillos. Y como sus colmillos, que son dos, este signo se manifiesta con trazo doble: el terror al ente y el deseo incontrolable por el mismo.

La soledad y lo gótico

Como anfitrión de Jonathan Harker, el conde Drácula, refiriéndose a su castillo, dice lo siguiente: *"Es más: las murallas de mi castillo están quebradas; muchas son las sombras, y el viento respira frío a través de las rotas murallas y casamatas. Amo la sombra y la oscuridad, y prefiero, cuando puedo, estar a solas con mis pensamientos"* (2001, p. 14). El mal puede exteriorizarse como ausencia del bien (a través de sus símbolos) o como su reverso. El mal es lo contrario de lo que encarna al bien. Entonces, si el bien existe en la compañía, en el compartir y la hermandad, el mal vive en la soledad. Y el vampiro, como ente maligno, tiene como única compañía la soledad perenne.

La soledad del vampiro se exterioriza en su entorno y este a su vez es deudor literario de la novela gótica. La novela gótica, aparecida a fines del siglo XVIII, influenció notablemente al vampiro literario situándolo en un decorado de ruinas, antiguos castillos, desolación y cementerios. Todo esto incluyendo como telón de fondo la oscuridad de la noche. Es la noche y en algunos casos el atardecer, el espacio de la actividad del vampiro. Lo gótico en la literatura se convirtió en la atmósfera ideal para el *no muerto*, reflejando en lo tangible su soledad intangible. Lovecraft nos describe de esta manera los elementos de la novela gótica:

Todo este nuevo aparato dramático consistía sobre todo en un castillo gótico con su espantosa antigüedad, sus vastas dimensiones y sus tenebrosos rincones, sus naves desiertas o destartaladas, sus pasillos, sus escondidas y espeluznantes catacumbas y toda una galaxia de fantasmas y leyendas horrorosas, formando un núcleo de suspense y de temor demoníaco(1974, p. 172).

Más adelante, el mismo Lovecraft agrega:

y toda una serie infinita de cortinajes y elementos escénicos que incluyen unas luces extrañas, unas puertas levadizas enmohecidas, unas lámparas que se apagan, unos raros manuscritos carcomidos, los goznes chirriantes, las estremecedoras tapicerías, etc., etc...(p. 172).

De la misma manera que la antigua *Lilit* habitaba ruinas y lugares desolados, los *utuq* árabes y los *brucolacos* griegos aparecían entre las tormentas, el vampiro literario y *Drácula* (1897) como su máximo exponente, tienen la noche, las ruinas y los cementerios como morada, como teatro de sus acciones. La soledad del vampiro se manifiesta en la noche y los parajes deshabitados o relacionados con la muerte, que son su prisión y su refugio. Llegando al castillo del Conde, Jonathan Harker detalla el hogar del terrible vampiro: "*Repentinamente tuve conciencia de que el conductor estaba deteniendo a los caballos en el patio interior de un inmenso castillo ruinoso en parte, de cuyas altas ventanas negras no salía un sólo rayo de luz*" (p. 8). Y cuando un grupo de valientes se dirigen a la cripta de Lucy, ya convertida en vampiro, uno de ellos hace la siguiente descripción del cementerio:

> Nunca me habían parecido las tumbas tan fantasmagóricamente blancas; nunca los cipreses, los tejos ni los enebros me habían parecido ser, como en aquella ocasión, la encarnación del espíritu de los funerales. Nunca antes los árboles y el césped me habían parecido tan amenazadores. Nunca antes crujían las ramas de manera tan misteriosa, ni el lejano ladrar de los perros envió nunca un presagio tan horrendo en medio de la oscuridad de la noche (p. 123 - 124).

Para huir de la luz del sol, símbolo del bien, el *nosferatu* habita la noche oscura. Y para huir del calor del hogar, donde sólo le es permitido entrar a hacer el mal, mora en los cementerios o en los lugares desolados y en ruinas. El vampiro está perennemente condenado a residir y moverse en espacios de soledad. Una soledad tan profunda como la suya.

Los rostros

El vampiro literario, en tanto deudor de los "seres vampíricos" de la Antigüedad y del vampiro de la Edad Media, ha pasado por varias transformaciones. En la imaginación de los pueblos, la cola de serpiente de la antigua *Lamia,* o la piel áspera del *brucolaco* griego, dieron paso a cadáveres sedientos de sangre que atacaban a las personas y al ganado en los informes de la Edad Media. A su vez, en el alba del vampiro literario, el *no muerto* era generalmente una delicada doncella o una cortesana sensual.

Una primera cualidad a destacar es que tanto en la Antigüedad como en el Medioevo, el vampiro fue generalmente un ente perceptible. Un ejemplo de esto son los *ch'iangshih,* las *adze,* o los *vetalas,* que si bien eran entidades metafísicas no actuaban desde su forma inmaterial, más bien se posesionaban de un cadáver o de una persona (hechiceras en el caso de las *adze*) adquiriendo así un perfil visible, tangible, desde el cual actuaban[12]. Esa cualidad corpórea se extendió también a la literatura, que desde sus comienzos concibió al *nosferatu* como una existencia palpable. Así, de la apariencia antropomórfica o llanamente monstruosa de los seres vampíricos de la Antigüedad pasamos al *no muerto* medieval, ya un ser humano. Y de la dama virginal o voluptuosa del vampiro del romanticismo, al enigmático y atrayente lord Ruthven de Polidori. Verónica Ortiz Empsom, en el prólogo de la antología *Vampiros y otros seres inquietantes* (2009) nos dice que:

> En El Vampiro, Polidori introduce por primera vez en un relato escrito a este ser enigmático, al que podemos ver y sentir y hasta casi percibirle el aliento. Su vampiro parece humano, actúa cómo humano y se mueve en medio de humanos. Y por ello nos causa más pavor (2009, p. 5).

De allí anticipamos a una segunda cualidad: la apariencia humana. Desde la Edad Media, tanto el *vetala* como el *no muerto* en sus distintas representaciones tienen un exterior humano, mortal. El vampiro es entonces una entidad tangible bajo la fisonomía de una

---

[12] En la antigua Babilonia, también intensamente poblada de espíritus y demonios, nos encontramos al muy antiguo y molesto *ekimmu*. Hurwood (1974) nos dice acerca de este ser: *"El ekimmu era un espíritu especialmente peligroso ya que, bajo determinadas condiciones, su mera presencia en una casa podía ocasionar la muerte de todos sus habitantes. En algunos aspectos el ekimmu era una especie de vampiro, en otros, simplemente un estorbo"* (p. 21). A pesar de que Hurwood lo define como *"una especie de vampiro"*, no hemos encontrado referencias que lo sitúen como un ente consumidor de sangre. Se le describe más bien como un espíritu chocarrero (un poltergeist). Por eso no hemos hecho mención al *ekimmu* en este estudio. Sin embargo, más allá de que hubiesen o no "seres vampíricos" en la Antigüedad que fuesen incorpóreos y bebieran sangre, es innegable que la generalidad de los mismos eran entes físicos, palpables.

persona. Un rostro que ha cambiado con el tiempo y que durante el siglo XIX adquirió una faz que no se refleja en los espejos, pero que ha quedado como su apagado y siniestro semblante para nosotros.

Los afilados y visibles colmillos, la palidez de la piel y la voluptuosidad latente, son las características corporales de los vampiros decimonónicos que con Stoker se han entronizado como la faz del vampiro. Cuando el profesor Van Helsing, en compañía de otros hombres, abren el féretro de Lucy, se encuentran con la horrible visión de la dulce damisela convertida en un *espectro*[13]: *"El cadáver parecía Lucy vista en medio de una pesadilla, con sus colmillos afilados y la boca voluptuosa manchada de sangre, que lo hacía a uno estremecerse a su sola vista"* (2001, p. 126). A su vez, Bram Stoker dibuja así al terrible Drácula:

> La boca, por lo que podía ver de ella bajo el tupido bigote, era fina y tenía una apariencia más bien cruel, con unos dientes blancos peculiarmente agudos; éstos sobresalían sobre los labios, cuya notable rudeza mostraba una singular vitalidad en un hombre de su edad. En cuanto a lo demás, sus orejas eran pálidas y extremadamente puntiagudas en la parte superior; el mentón era amplio y fuerte, y las mejillas firmes, aunque delgadas. La tez era de una palidez extraordinaria (p. 12).

Ramón Hervás, por su parte, nos describe así al vampiro: *"Fina y suave, glacial, su piel conserva siempre la misma palidez por más sangre que sorba. Sólo sus blancos colmillos brillan sobre sus labios rojos y sensuales"* (1999, p. 7). Finalmente, en *Carmilla* (1872), nos

---

[13] Como para reforzar lo planteado en este signo, anteriormente hemos hecho referencia a lo usual que es utilizar la denominación *espectro* para referirse a un vampiro, y cómo esa palabra designa a un fantasma, pero en su estado visible.

confirman el carácter literario del aspecto decimonónico del personaje al mencionar sobre su piel: *"Por ejemplo, la palidez mortal que se atribuye a esa clase de espectros es pura ficción literaria. En realidad, tanto en la tumba como cuando se muestran públicamente tienen un aspecto saludable"* (2002, p. 69).

Un individuo de piel lívida, labios rojos y sensuales, de voluptuosidad latente y con largos y afilados colmillos, son el rostro literario del vampiro. Contrasta la atracción que ejerce el personaje, aparentemente lleno de vida en sus labios rojos y en el erotismo que emana, con la fría y apagada piel, que recuerda la muerte. Y ese contraste se reafirma en los dos alargados colmillos que sobresalen de la boca sensual dibujada en una faz pálida y maligna.

El demonismo

El demonismo implica la creencia en entes de naturaleza perversa que pueden servirse de la magia y distintos poderes. Víctor Bravo define al demonismo de la siguiente manera: *"El demonismo es el centro geométrico del Mal; en él confluye la extensa variedad de expresión del Mal que en el mito, la religión y la literatura cobran forma"* (1993, p. 77). El demonismo no solo involucra el carácter maléfico del ente, sino también que la figura demoníaca posee cualidades y poderes sobrenaturales que lo hacen distinto, lo convierten en "otro" ser.

El vampiro literario es en esencia un ser maligno, un sujeto del mal. En la novela *Drácula* (1897), el profesor Van Helsing, al referirse a los vampiros, dice: *"El nosferatu no muere como las abejas cuando han picado, dejando su aguijón. Es mucho más fuerte y, debido a ello, tiene mucho más poder para hacer el mal"*. (2001, p. 140). A su vez, Víctor Bravo precisa lo siguiente sobre el mal: *"el mal es todo aquello, excluido, que acecha y pone en peligro el orden instituido, el mal se recluye de este modo en los territorios simbólicos de la alteridad y de la muerte"* (1999, p. 81). Y más adelante el mismo autor amplía el concepto de la siguiente manera:

> El mal quizás sea una de las más enigmáticas y complejas manifestaciones del humano ser: si el hombre hace posible la socialización por la interdicción y por procesos identificatorios que asumen los signos éticos del bien: el mal es todo aquello, excluido, que acecha y pone en peligro el orden instituido, el mal se recluye de este modo en los territorios simbólicos de la alteridad y de la muerte, y abre su significación a la vez, y de manera contradictoria, hacia la privación y la libertad (1999, p. 82).

El perfil diabólico del *nosferatu* se aprecia en los poderes que posee. Hablando de los peligros que tendrían que afrontar para destruir al conde Drácula, Bram Stoker coloca en boca de Van Helsing la siguiente descripción acerca de los poderes del *no muerto*:

> "...posee todavía la ayuda de la nigromancia, que es, como lo implica su etimología, la adivinación por la muerte, y todos los muertos que fallecen a causa suya están a sus órdenes; es rudo y más que rudo; puede, sin limitaciones, aparecer y desaparecer a voluntad cuando y donde lo desee y en cualquiera de las formas que le son propias; puede, dentro de sus límites, dirigir a los elementos; la tormenta, la niebla, los truenos; puede dar órdenes a los animales dañinos, a las ratas, los búhos y los murciélagos, a las polillas, a los zorros y a los lobos; puede crecer y disminuir de tamaño; y puede a veces hacerse invisible" (2001, p. 140).

El vampiro puede, además, adoptar distintas formas, a voluntad o de acuerdo con las circunstancias. En la novela *Drácula* (1897) el profesor Van Helsing describe así los poderes de metamorfosis del conde de Transilvania:

> Puede transformarse en lobo, como lo sabemos por su llegada a Whitby, cuando atacó y mató a un perro; o en murciélago, fue en esa forma que Mina lo divisó en el alféizar de la ventana, en Whitby; también de esta guisa lo vio volar John desde la casa contigua, y Quincey que lo vio en la ventana de la señorita Lucy (2001, p. 141).

Un poco más en el campo del estudio, Juan Jacobo Bajarlía menciona: *"William Hurwood, un demonólogo del siglo XVII, afirmaba que las formas adoptadas por el vampiro eran infinitas"* (1992, p. 87) y más adelante el mismo Bajarlía agrega:

Cincuenta años después, Arthur Ashby dio cuenta de algunas de estas formas en *The History of Magic* (1682). Las enumeraba en este orden:

a) Niebla (en la media noche).

b) Ratas (en tiempos de peste).

c) Peste (sin existencia de ratas).

d) Moscas (en conexión con la muerte).

e) Lobo (como forma natural sanguinaria).

f) Perro (como "forma parental" del lobo).

g) Murciélago (1992, p 87).

Víctor Bravo señala al respecto que: *"La metamorfosis nos dice que el límite con la alteridad ha sido transgredido, que el mal penetra los ámbitos del existir y que los signos de la vida también pueden ser, por la transformación, signos de la alteridad"* (1999, p. 83). A su vez, Bajarlía añade que: *"También forma parte de las creencias demonológicas la transfiguración del vampiro en niebla o en puntos fosforescentes. O bien en lobo o murciélago"* (1992, p. 26). Si bien la cualidad de tornarse en niebla es uno de los poderes de metamorfosis del *nosferatu*, sus transformaciones son esencialmente en animales, sobre todo murciélagos y lobos.

El carácter maléfico del *no muerto*, percibido en su obsesión de destruir a los vivos, por hacer el mal, sus poderes y su condición de ser distinto, convierten al personaje en una figura "demoníaca". Juan Jacobo Bajarlía, haciendo alusión a los trabajos de Ralf-Peter Martin, señala lo siguiente: *"El vampirismo está ligado, por tanto, con la demonología. Stoker, que investigó sobre esto, se vio confrontado, escribe Martin, con las creencias que los rumanos tenían sobre los vampiros"* (1992, p. 27). El demonismo, uno de los siete signos del vampiro.

La maldición

El vampiro es un ser maldito, que sufre la fatalidad de haber perdido el alma y de estar condenado a hacer mal, a ser prisionero de la noche y a extender su abominación, sin descanso. El vampiro se halla destinado a existir perennemente cautivo de su condición. En tanto vampiro, su alma inmortal permanecerá prisionera. Es la destrucción del *espectro* lo que puede redimir al alma.

La pérdida del alma del sujeto convertido en vampiro se manifiesta en la carencia de reflejo en los espejos, en la incapacidad de proyectar sombra[14] y en el hecho de no dejar huellas ni que se escuchen sus pasos. Bajarlía, sobre este punto señala que: *"Otro enigma que no ha sido aclarado en el tema del vampirismo es el que se refiere a la ausencia de reflejo en el espejo. El vampiro, según la creencia popular, es un "ser de carne y hueso". Entonces, ¿por qué no se refleja en el espejo?"* (1992, p. 99). A continuación el mismo autor narra la leyenda medieval de Adalberto, quien hace un pacto demoniaco a cambio de fortuna y placeres durante 30 años, terminados los cuales debía entregar su alma. Pasado el lapso, Satanás exige el cumplimiento del acuerdo y Adalberto entrega su alma. Pero su cuerpo no muere, sino que salía de su tumba y asaltaba a los viajeros para alimentarse de su sangre. Siguiendo con su relato Bajarlía nos dice que:

> De una cosa estaba seguro: de su *perennidad como muerto viviente.* Cierto día él mismo advirtió que el espejo no lo reflejaba. No sucedía lo mismo cuando alzaba un objeto material para enfrentarlo con la luna del espejo. Se veía el objeto, pero no su brazo ni su cuerpo. Adalberto supo entonces, por primera vez, que si su cuerpo carecía de alma es porque, de alguna manera, *estaba fuera de este mundo* (p. 99 - 100).

Arrepentido por su decisión, Adalberto se arroja sobre un espejo esperando encontrar en él su alma. Pero encuentra la muerte en un fragmento del espejo que atravesó su corazón. De Adalberto sólo quedan cenizas. Concluye Bajarlía de esta manera: *"Esa es, por tanto, la razón de la falta de la imagen en el espejo. Si el vampiro no tiene alma, no vive, no existe. Y si no existe ni vive, no puede reflejarse en el espejo. Las creencias populares tienen su lógica"* (p. 100).

---

[14] No deja de ser significativo el hecho de que en la Antigüedad muchas culturas relacionaron a la sombra con el alma.

En la novela *Drácula* (1897), un conjunto de deudos y valientes se encaminan al sepulcro de Lucy, que ha sido convertida en *nosferatu*, con el objeto de destruirla. Allí, el profesor Van Helsing alienta con estas palabras al valeroso grupo que lo acompaña a realizar el ritual de exorcismo:

> Pero lo mejor de todo es que cuando hagamos que este cadáver que ahora está "muerto vivo" muera realmente, el alma de la pobre dama que todos nosotros amamos, volverá a estar libre. En lugar de llevar a cabo sus horrendos crímenes por las noches y pasarse los días digiriendo su espantoso condumio, ocupará su lugar entre los demás ángeles. De modo que, amigo mío, será una mano bendita por ella la que dará el golpe que la liberará (2001, p. 126).

Esa purificación que da la muerte rescata al alma del *espectro* de su cautiverio. Matar a un *nosferatu* se convierte en un acto piadoso de liberación, no de destrucción. Luego de clavar la estaca en la vampiresa, los hombres que se han impuesto esta terrible tarea dirigen, apesadumbrados y cansados, una última mirada al interior del féretro. El asombro y la alegría se hacen con todos los presentes:

> Allí, en el ataúd, no reposaba ya la cosa espantosa que habíamos odiado tanto, de la que considerábamos como un privilegio su destrucción y que se la confiamos a la persona más apta para ello, sino Lucy, tal y como la habíamos conocido en vida, con su rostro de inigualable dulzura y pureza. Es cierto que sus facciones reflejaban el dolor y la preocupación que todos habíamos visto en vida; pero eso nos pareció agradable, debido a que eran realmente parte integrante de la verdadera Lucy. Sentimos todos que la calma que resplandecía como la luz del sol sobre el rostro y el

cuerpo de la muerta, era sólo un símbolo terrenal de la tranquilidad de que disfrutaría durante toda la eternidad (p. 127).

La salvación del alma del sujeto convertido en vampiro, a través de la muerte del ente, necesita del concurso de sus potenciales víctimas quienes son los que pueden redimir al *nosferatu* de su castigo. Mina Harker, en la novela *Drácula* (1897), al ver sucumbir al maligno Conde, expresaba que: "*Me alegraré durante toda mi vida de que, un momento antes de la disolución del cuerpo, se extendió sobre el rostro del vampiro una paz que nunca hubiera esperado que pudiera expresarse*" (p. 226).

El *nosferatu* sufre la opresión de su condición y de su malignidad, y de estar condenado a extenderla perennemente. La pérdida del alma se nos presenta como una pesadilla para el vampiro, de la que no es consciente y de la que sólo despierta al morir. Al terminar la pesadilla comienza el descanso, la paz que es el sueño de la muerte.

La perennidad

El vampiro "existe", sin estar ni vivo ni muerto, en un lapso de tiempo continuo, sin interrupción. Generalmente se han usado los epítetos "eterno" e "inmortal" (este último es el más frecuente) para cualificar al vampiro, pero ninguno de los dos es válido para eso. "Eterno" e "inmortal" son adjetivos que por su historia y su carga teológica y filosófica se prestan a objeciones. Hablando sobre lo eterno, nos comenta José Ferrater Mora en su *Diccionario de Filosofía abreviado* (1982) que:

Este término suele entenderse en dos sentidos: en un sentido común, según el cual significa el tiempo infinito, o la duración infinita, y un sentido más filosófico, según el cual significa algo que no puede ser medido por el tiempo, pues trasciende el tiempo [...] La eternidad no niega el tiempo, sino que lo acoge, por así decirlo, en su seno: el tiempo se mueve *en* la eternidad, que es su modelo (p. 153).

A su vez, el mismo autor señala sobre la inmortalidad que: "*El problema de la inmortalidad es el del destino de la existencia después de la muerte, o en otras palabras, el de la supervivencia de la existencia*" (1982, p. 232). Lo eterno es aquello que no tiene principio ni fin, y lo inmortal es lo que tiene principio, pero no tiene fin. Dios es eterno y el alma es inmortal, por ejemplo. Eternidad e inmortalidad no son cualidades aplicables al vampiro porque ni lo eterno ni lo inmortal pueden sufrir algún tipo de trastorno, y menos morir a causa del mismo. Ambos estados implican una especie de inmunidad al daño. Y el *nosferatu*, en cambio, es vulnerable a diversas cosas que de una u otra manera pueden acabar con él.

Visitando las ruinas góticas del castillo de Karstein, la joven Laura, su padre, el general Spieldorf y algunos acompañantes más, se encuentran con un leñador. Intrigados por la soledad de los parajes en que se hallan, deciden preguntarle al leñador la causa de tanta desolación:

—¿Por qué quedó deshabitado el pueblo?

—Porque recibía la visita de los espectros. Parece ser que los persiguieron hasta sus tumbas, exhumaron los cadáveres con los medios acostumbrados y fueron destruidos en la forma habitual: decapitados, traspasados con un palo y quemados (2002, p. 61).

El leñador describe, de manera ruda y sencilla, el método más común para ejecutar a un *nosferatu*. A pesar de sus grandes poderes, el vampiro es asequible a que pueden afectarlo, incluso abatirlo. Hay medios para aniquilarlo.

El elemento religioso juega un papel primordial dentro de los recursos utilizados contra el vampiro. La cruz, la hostia y el agua bendecida pueden dañarlo seriamente. En la novela *Drácula* (1897) Lucy, convertida en vampiro, arremete contra un grupo de valientes que la enfrenta: *"Lucy se precipitó hacia ellos; pero van Helsing avanzó, se interpuso entre ambos y sostuvo frente a él un crucifijo de oro. La forma retrocedió ante la cruz y, con un rostro repentinamente descompuesto por la rabia, pasó a su lado, como para entrar en la tumba"* (2001, p. 124). En la misma novela, el profesor van Helsing explica:

> Además, hay cosas que lo afectan de tal forma que pierde su poder, como los ajos, que ya conocemos, y las cosas sagradas, como este símbolo, mi crucifijo, que estaba entre nosotros incluso ahora, cuando hicimos nuestra resolución; para él todas esas cosas no es nada; pero toma su lugar a distancia y guarda silencio, con respeto. Existen otras cosas también, de las que voy a hablarles, por si en nuestra investigación las necesitamos. La rama de rosal silvestre que se coloca sobre su féretro le impide salir de él; una bala consagrada disparada al interior de su ataúd, lo mata, de tal forma que queda verdaderamente muerto; en cuanto a atravesarlo con una estaca de madera o a cortarle la cabeza, eso lo hace reposar para siempre. Lo hemos visto con nuestros propios ojos (2001, p. 142).

Caminando entre la vida y la muerte, el vampiro no puede acceder a la vida, pero sí puede morir. La forma más conocida y efectiva de destruir a un *no muerto* es atravesando su corazón con una estaca de madera, decapitándolo e incinerado el cuerpo. Ese es el conocido ritual de exorcismo de un vampiro. En la novela *Carmilla* (1872) la joven Laura nos describe el mismo:

> Los dos médicos que asistían a la ceremonia atestiguaron el hecho prodigioso de que el cadáver respiraba, aunque muy débilmente, y que era posible captar los leves latidos de su corazón. Los miembros conservaban su flexibilidad y la carne era elástica. El féretro de plomo estaba lleno de sangre, que empapaba al cadáver. Se trataba de un caso de vampirismo. De acuerdo con las antiguas prácticas, alzaron el cadáver y atravesaron su pecho con una estaca. Luego le cortaron la cabeza, y del cuello seccionado brotó un chorro de sangre. A continuación, colocaron el cuerpo y la cabeza sobre un montón de leña y le prendieron fuego, hasta que no quedó más que un montón de cenizas. Las cenizas fueron dispersadas a los cuatro vientos, y a partir de entonces la región quedó libre de vampiros (2002, p. 68).

En *Drácula* (1897) el profesor Van Helsing señala sobre el vampiro: *"Sus poderes cesan, como los de todas las cosas malignas, al llegar el día"* (2001, p. 141 - 142). Y Víctor Bravo, en *Terrores de Fin de Milenio* (1999), explica lo siguiente sobre el mal y la privación:

> El mal como privación es principio fundacional de las religiones; como libertad, de la conciencia que avanza hacia la secularización; respecto a este primer sentido ya Santo Tomás señalaba que el mal no es una esencia de la naturaleza sino una ausencia del ser; no una simple ausencia o negación, sino una privación: la privación del bien que debe existir en una cosa (p. 82).

El vampiro como esencia maligna, sufre el castigo de no ver el amanecer, de estar privado de la luz del día. La luz del sol, comúnmente identificada con el bien, no sólo está negada al *nosferatu*, sino que lo debilita y en algunos casos puede destruirlo. El vampiro es entonces, temporalmente hablando, "perenne", porque la condición de ser perenne no implica la de inmortal. Describiendo el fin de Drácula, Bajarlía comenta que: "*Por fin hallan el lugar, la tumba donde yace el mal que señorea en las tinieblas. Ya nadie podrá salvar a Drácula. Su falsa inmortalidad será devorada para siempre con un puñal implacable*" (1992, p. 29).

"Perenne" es algo que tiene una duración muy larga o indefinida, y no es invulnerable. Eso no quiere decir que la palabra "perenne", no tenga sus contradicciones. Es irónico, por ejemplo, el hecho de que dicha expresión es muy usada en la botánica para designar a ciertas plantas que, independientemente de la estación, conservan su frescura y su color verde, siendo símbolos de vida. Y al vampiro, saliendo de noche de su tumba en el cementerio y estando precedido a todas partes por la peste y por su hedor putrefacto, refleja en su palidez cadavérica a la muerte.

El concepto del vampiro literario

Hemos revisado la historia del vampiro. Hemos conjeturado sobre sus orígenes y sus influencias. Adelantamos una propuesta cronológica de estudio y hemos caracterizado al personaje en la literatura. Ahora nos aventuraremos a conceptualizarlo.

El Diccionario de la Real Academia Española (DRAE) define al vampiro de la siguiente manera: *Espectro o cadáver que, según cree el vulgo de ciertos países, va por las noches a chupar poco a poco la sangre de los vivos hasta matarlos* (2009, p. 2268). A su vez, Alfonso Di Nola, en su *Historia del diablo* (1992), nos da el siguiente concepto sobre el vampiro: "*vampiro es, en particular, el espíritu malvado de las personas impías y de las brujas o brujos que se han transformado durante la vida en ogros. Bebe la sangre de los vivos y a su presencia se atribuye a menudo una epidemia que golpea a un gran número de personas"* (1992, p. 99). En tanto, Louis Renou en *Cuentos del vampiro* (1989), nos dice: *"En el folclor de Occidente, el vampiro es un animal que atormenta a los cadáveres y sale a chupar la sangre de los vivos a fin de reanimar su fuerza vital"* (1989, p. 15).

Todas estas definiciones son, sin embargo, del vampiro desde la percepción cultural, no desde el hecho literario. El vampiro desde la literatura tiene su propia historia, transformación y características que lo diferencia de los modelos culturales originarios. No obstante, plantearnos un concepto del vampiro literario no implica necesariamente una percepción pétrea, inflexible, del ente. Antes bien manifiesta el reconocimiento de que hay una diversidad de ascendientes que confluyen para definir al *nosferatu*. Sobre esto nos comenta Jorge Belinsky (2007) que:

> A lo largo de la historia de sus usos, las palabras tienden a hacerse unívocas, mientras los conceptos mantienen la multiplicidad de acepciones que han ido adquiriendo. Por eso los conceptos son más que palabras, son auténticos concentrados de múltiples capas de significación (p. 12).

El concepto del vampiro literario necesariamente se nutre de los elementos precedentes y de sus respectivos espacios culturales y sociales en general. El anteriormente citado Belinsky afirma que:

> En el ámbito de las ciencias humanas, los conceptos nunca son unívocos ni atemporales; su polisemia, o mejor dicho, su polivalencia deriva de los diversos significados con los cuales se ha cargado cada término a lo largo de la trayectoria

de sus diversos usos. En ese transcurso, cada significado se vuelve dominante según los marcos teóricos y sociales en los que el concepto se inscribe. Además, y esto es importante aunque se destaque poco, los conceptos oscilan en el mercado de las ideas y esa oscilación constituye su valor político, entendiendo este término en su sentido amplio: como el modo en que los conceptos contribuyen a definir la tarea de crítica cultural propia de cualquiera de las disciplinas del campo de las ciencias humanas (p. 11).

Entendemos, entonces, por un vampiro en la literatura, a *un ser visible, tangible, maldito, maligno, nocturno, perenne, de apariencia humana, y que se alimenta de sangre.* Goza de ciertos poderes, como el dominio sobre las tormentas y la metamorfosis, pero también es vulnerable a la luz del sol y a los símbolos religiosos, entre otras cosas. Existe sin alma bajo una condición que no es ni de vida ni de muerte, que es su condena, y su actividad y su refugio se hallan limitados a la noche, a las ruinas, a la desolación y a los cementerios. Su lapso de existencia es perenne, pero puede ser absuelto a través de la muerte, que redime a su esencia cautiva. No le es dado liberarse a sí mismo, así que esa tarea deben asumirla sus potenciales víctimas, que corren el riesgo, si fallan, de convertirse a su vez en *espectros.*

El vampiro y los seres vampíricos

Finalmente, hay que establecer la diferencia entre el vampiro literario y los "seres vampíricos" de la literatura. Anteriormente hemos usado la frase "seres vampíricos" para designar a criaturas en la Antigüedad con anhelo de sangre. Los "seres vampíricos" de la literatura son aquellos que, bien sorbiendo la sangre de los individuos o bien consumiéndolos de alguna manera metafísica, buscan la muerte de las personas, pero carecen de la mayoría de los rasgos que caracterizan al vampiro decimonónico, llegando incluso a darse el caso de que el "ser vampírico" puede ser un objeto inanimado.

El siglo XIX también fue abundante en autores que escribieron sobre "seres vampíricos". Hay algunos rasgos vampíricos en los relatos *Ligeia* (1838) y *Eleonora* (1842), de Edgar Allan Poe (1809 - 1849). Dichos rasgos se acentúan en *Morella* (1835) y *Berenice* (1835), del mismo autor, y se concretan finalmente como un "ser vampírico" en *El retrato oval* (1842), que algunos han visto como el aporte de Poe a la literatura de vampiros. Similar a *El retrato oval* (1842) es el relato *El vampiro* (1871), del escritor checo Jan Neruda (1834 - 1891), en el que un pintor es acusado de "vampiro" por las extrañas y repentinas muertes de las personas a quienes retrata. También hay "seres vampíricos" en los relatos *El Horla* (1886 - 1887), de Guy de Maupassant (1850 - 1893), donde, de hecho, el protagonista utiliza la palabra "vampiro" para designar a un ser invisible que toma leche y trata de matarlo, y en *Olalla* (1887), de Robert Louis Stevenson (1850 - 1894), una historia de amor imposible, ambientada en un escenario gótico, donde vampirismo y licantropía se confunden en los rasgos de la trastornada madre de la joven Olalla.

Si bien el vampiro literario nace en el periodo romántico y se consolida en el siglo XIX, sus raíces son mucho más remotas y se confunden con otras manifestaciones culturales del hombre. Mito, leyenda, historia, sincretismo y hasta la fusión de elementos étnicos ayudan al crecimiento y madurez de uno de los modelos literarios más relevantes de los últimos siglos, en constante re imaginación y expansión a otros ámbitos de la expresión del hombre.

Capítulo III

El vampiro en la literatura venezolana

Caminaban en silencio, entregados a su pensamiento, que no les presentaba sino imágenes de ruina y desolación, de trasgos y duendes, de vampiros y lémures, como si viviesen en un mundo fantástico lleno de peligros y de apariciones maravillosas.

Tristán Cataletto

Julio Calcaño

Textos vampíricos de la literatura venezolana

El vampiro en la literatura es la confluencia de varios y muy antiguos procesos sincréticos de creación cultural. La sangre para el hombre de la Antigüedad, los poderes mágicos que se le atribuían, y su consumo por parte de hombres y dioses representa lo que podríamos conjeturar como la génesis del vampiro. A partir de allí aparecen, en los imaginarios de los pueblos primigenias diosas de la fertilidad, seres zoomorfos y otros especímenes fantásticos como serpientes aladas, entidades metafísicas, espíritus y demonios moradores ruinas, cementerios y tormentas. Todos consumidores de sangre.

La Edad Media ve nacer al ente como el *no muerto* de las leyendas de Europa del este. Además de la sangre, se nutre con viejos y nuevos elementos filtrados por el tamiz de la religión cristiana. A medio camino entre la vida y la muerte, el vampiro está vivo en la cotidianidad de las gentes del Medioevo, acechante en los caminos, escondido en lugares solitarios, oculto en el enigma de la noche.

Presente en la noche y en los temores de varias épocas y culturas, hemos visto al vampiro aparecer también en el imaginario del pueblo venezolano. Las *brujas chupa-sangre* del oriente y el *ceretón*[15] de los médanos falconianos, son "vampiros de leyenda". Este aspecto abre el campo para la búsqueda de *nosferatus* en nuestra literatura. Para iniciar esa exploración el primer paso fue establecer una serie de etapas en la producción literaria y así conjeturar el desarrollo del personaje. Dichos periodos, a los que llamamos "Las edades del vampiro", serían los siguientes:

1. El vampiro mítico.

2. El vampiro medieval.

3. El vampiro pre-romántico.

4. El vampiro decimonónico.

Luego de establecer las épocas y sus particularidades precisamos los fundamentos que caracterizan un texto vampírico, partiendo de una serie de fundamentos presentes en la novela *Drácula* (1897) como tipologías del vampiro literario. Los enunciados fundamentos, como hemos venido señalando, son:

1. La sed de sangre.

2. El erotismo.

[15] Es muy probable que estos no sean los únicos "vampiros de leyenda" de la oralidad venezolana. La *sayona,* por ejemplo, además de ser un ente nocturno y erótico, que teme al elemento religioso y a la luz del sol, se le ha descrito como extraordinariamente pálida y en ocasiones como poseedora de largos colmillos. Sus víctimas con frecuencia son detalladas como "consumidas", "desangradas" o "sin sangre".

3. La soledad y lo gótico.

4. Los rostros.

5. El demonismo.

6. La maldición.

7. La perennidad.

A "las edades del vampiro" y a "los siete signos del vampiro" le agregamos una conceptualización del ente, además de plantear la posibilidad de los "seres vampíricos de la literatura". Es entonces, a efectos de este estudio, la presencia o no de estos componentes y la manera en que se relacionen e interactúen lo que determina si estamos o no ante un relato vampírico. Sobre la importancia de que diversos principios se articulen para crear fantasía, nos dice Iraset Páez Urdaneta:

> No basta con presentar espacios y tiempos maravillosos para crear fantasía. Las metamorfosis de los personajes, las ambigüedades situacionales, las alteraciones de las causas y los efectos, las situaciones polivalentes, las animificaciones, los cambios funcionales de la realidad y los objetos y las intervenciones sobrenaturales, pueden perder importancia y efecto si no establecen una corriente interna y externa de deseos lúdicos, afanes secretos y recursos impresionantes (1980, p. 54).

La mención de otros aspectos que no estando necesariamente en la novela *Drácula* (1897) pero que forman parte de las creencias en los vampiros medievales también es un patrón válido, como por ejemplo el crecimiento del cabello y las uñas en los cadáveres. Sin embargo, reiteramos que es necesaria la interacción de estos componentes para crear un ser vampírico. La mención de un cementerio, por ejemplo, no implica necesariamente que estemos ante un relato vampírico. Tampoco la noche, la metamorfosis ni la sexualidad son mecanismos que, por sí solos, nos coloquen frente a un texto de este tipo. Ni siquiera la sangre como alimento es una peculiaridad suficiente. Todos estos mecanismos deben conjugarse de manera apropiada para dar vida a un *no muerto*.

Observaremos entonces, usando como patrón de análisis los conceptos y propuestas de este estudio, la obra *Un vampiro en Maracaibo* (2008) de Norberto José Olivar, acaso la primera novela de vampiros en Venezuela. También estableceremos sus paralelismos con otros textos venezolanos, de los que haremos una breve revisión. Dichos textos son: *Un mosquito-hombre* relato mítico de los Guaraunos; *Tristán Cataletto* (1893), de Julio Calcaño, relato decimonónico y quizás fundacional en lo que se refiere a la literatura vampírica en nuestro país; *El Vampiro* (1931), de Antonio Reyes; *Metamorfosis* (1988), de Wilfredo Machado, cuento breve con la presencia del vampiro seductor; *Criaturas de la noche* (2000), de Israel Centeno, reescritura de *Drácula* (1897) de Stoker; y *Vampiros al sol* (2010), de María Teresa Fuenmayor Tovar, cuento que asimila versiones más contemporáneas del vampiro.

Finalmente, hay que destacar que la revisión de estas obras se ha hecho de manera narrativa, describiendo su trama y citando algunos fragmentos, correspondiéndose las citas con segmentos del relato aludido donde haya presencia de alguno o algunos de los signos del vampiro. De esta manera, quien haya revisado los capítulos precedentes puede rememorar e identificar el signo aludido.

Un mosquito-hombre, mito de los guaraúnos

> *En una ranchería sumamente numerosa, vivía una india joven muy robusta. Un mosquito que la vio, deseando chuparle la sangre, se convirtió en un joven guarao y la tomó por mujer.*
>
> ***Un mosquito-hombre***
>
> **Mito de los guaraúnos**

En un poblado guaraúno[16] había una joven corpulenta que diariamente se sentaba en un tronco frente a su vivienda. Pasaba muchas horas allí sentada, ocupada en tejer mapires de fibra de palma de moriche, con la única distracción de un molesto mosquito. La joven ahuyentaba al fastidioso insecto con ramas de bejuco y continuaba afanosamente su labor. El mosquito, deseando alimentarse de la vigorosa y joven india, se transformó un día en un guaraúno y se mezcló con las gentes del poblado. Sin que nadie se percatase del engaño, el *mosquito-hombre* tomó a la joven india por mujer.

En la noche, le pidió a su esposa que colgara su chinchorro cerca del suyo[17]: "*La pobre india, sin saber que su marido era un mosquito*

---

[16] Los guaraúno, guarao, o warao, son una etnia aborigen venezolana que actualmente habita los estados Delta Amacuro, Sucre, Monagas, y Bolívar. Con una población estimada en más de 15.000 habitantes, están entre las etnias no clasificadas lingüísticamente por los estudiosos (no forma parte de las familias Karibe, Arawak, o Chibcha).

[17] La edición de Monte Ávila de *Literaturas indígenas venezolanas* (1980) trae una nota explicativa sobre las costumbres domésticas de los guaraúnos. Estos, para recogerse, se distribuyen por sexos durmiendo las mujeres separadas de los hombres, independientemente de la edad. Es por eso que el *mosquito-hombre* le pide reiteradamente a su esposa que duerma cerca de él, algo desacostumbrado en esta etnia.

convertido en guarao e ignorando sus intenciones, colgó allí cerca su chinchorro y se entregó confiada al sueño al lado de su marido. Este cuándo la vio profundamente dormida, se levantó y le chupó casi toda la sangre" (1980, p. 124). La joven despertó muy débil y delgada y el *mosquito-hombre* se levantó robusto y fuerte. La india comió mucho ese día: torta de yuruma, payara, morocoto, yuca, cazabe y carne de iguana. Al anochecer, estaba nuevamente fuerte y de buen semblante y su esposo delgado y débil:

> Llegada otra vez la noche, el indio mosquito aconsejó de nuevo a su mujer que se acostase a su lado y mientras ella dormía volvió a chuparle la sangre. Así estuvieron varias semanas, engordando la mujer por el día y enflaqueciendo durante la noche, y su marido engordándose noche y enflaqueciendo durante el día (p. 125).

Recelosos los guaraúnos de los cambios diarios en la pareja, aconsejaron a la joven mantenerse alerta en la noche y espiar el sueño de su marido. Ella se acostó y fingió dormir, y como todas las noches el *mosquito-hombre* se levantó para alimentarse:

> A media noche, creyendo el mosquito que su mujer estaba realmente dormida, se levantó del chinchorro y empezó a chuparle la sangre. La india al sentir la picada, gritó a los otros indios diciendo: Mi marido me está chupando la sangre; vamos a matarlo. Como el mosquito no había chupado nada todavía y aún estaba sin fuerzas, la india sola lo mató y lo deshizo en pedazos (p. 125).

La india tomó los pedazos y los quemó. Luego colocó las cenizas en una totuma y las esparció al aire. El viento sopló en todas direcciones, mientras ella expresaba que:

> Estas cenizas se convertirán en zancudos, en golofas, en moscas negras, en tábanos y en toda clase de plaga. Así sucedió, pues al día siguiente era tal el número de zancudos, golofas, moscas negras, tábanos y demás clases de plagas que inundaron aquellos lugares, que los indios, no pudiendo soportarlos, fueron a vivir a otra parte" (p. 125 - 126).

Los warao, guarao, o guaraúnos son una etnia aborigen del Delta del Orinoco, en Venezuela. Incorporado a la literatura infantil venezolana desde hace tiempo, el relato del *mosquito-hombre* es un mito que pretende explicar el origen de los zancudos, moscas y otras plagas abundantes en esa región.

En este mito nos encontramos con la presencia de una entidad que tiene el poder de la metamorfosis, que se alimenta de sangre en las noches, que tiene relación con las plagas y que es destruido por el fuego. Llama la atención que no es un espécimen de apariencia humana que se transforma en animal, sino un animal que se convierte en hombre. Su poder de metamorfosis es entonces a la inversa. Pero el *mosquito-hombre* no es un texto de ficción creado por algún autor, es un relato oral de una etnia aborigen venezolana. Si bien no tenemos cómo determinar su edad, su carácter de "mito" (relato referido a la creación o a algún aspecto de la misma) lo ubican como una narración antigua.

Por tanto, el *mosquito-hombre* es un "ser vampírico", como los que hemos descrito anteriormente que forman parte del imaginario de los pueblos, y por su calidad de "ser vampírico" de una etnia nativa, el *mosquito-hombre* vendría a ser lo que hemos denominado un "vampiro mítico" de la literatura venezolana.

Tristán Cataletto (1893), de Julio Calcaño

> *El viejo monje es un taumaturgo, y el único que otras veces nos ha librado del diablo y de los vampiros.*
>
> ***Tristán Cataletto***
>
> **Julio Calcaño**

Un día trece, Ubaldo Cataletto se encuentra en la taberna "La Cruz Negra", bebiendo ponche espumoso y fumando de una pipa holandesa. Melancólico, Ubaldo piensa en su padre, Tristán Cataletto, muerto un mes antes, el día trece. También piensa en su pequeño hijo, nacido asimismo el día trece, hace trece meses.

La localidad estaba conmovida por muertes, peste, y apariciones fantasmales. Los más prudentes y racionales no dudaban en atribuir al diablo los males que aquejaban a la población. En la soledad de la taberna, Ubaldo sigue entregado a sus reflexiones, apenas interrumpidas por las risas de algunos parroquianos, que juegan a los bolos afuera del establecimiento. El tabernero le hace notar a Ubaldo la presencia de dos extraños individuos vestidos de negro que, en un rincón y disimulados entre el humo, departen bebiendo cerveza.

Ubaldo, lleno de ansiedad, presta atención a la conversación de los dos extraños. Estos hablan de los males de la población. Uno de ellos revela que el origen de esos males reside en un *"hombre de carácter triste y pendenciero, el cual desesperaba de vengarse de un su enemigo, mucho más fuerte y poderoso que él"* (2000, p. 100). A continuación explica como el hombre hizo un pacto de carácter maléfico para tener *"La facultad de introducirse en todas partes y de matar impunemente a quién quisiera"* (p. 101).

-¡Ah!, exclamó el doctor Lanternuto, riendo de la mejor gana, ¡un brucolaco!

-Esa misma noche recibió una puñalada, a consecuencia de la cual murió aparentemente, y fue enterrado; pero dos días después moría casi de súbito su eterno enemigo; y él, loco de contento, ha seguido su camino de destrucción.

-De modo que el tal brucolaco…

-Es el viejo Tristán Cataletto, cuyo aniversario se cumple hoy trece (p. 101).

Ubaldo no puede creer lo que escucha, y enfrenta a los dos hombres. Estos abandonan la taberna y Ubaldo regresa a su casa, colmado de presagios. A llegar encuentra a Annunziatta, su esposa, llorando desconsolada la muerte de su hijo. Annunziatta cuenta entre lágrimas haber encontrado dentro de la casa a Tristán Cataletto, y que éste le pidió una manta. Aterrorizada, corre a ver al pequeño mientras Tristán Cataletto toma por su cuenta una manta y se marcha. El infante estaba muerto.

Ubaldo y Annunziatta parten apesadumbrados a ver a Fray Pacomino. El monje de Vernio los recibe en su ermita con estas palabras:

-¡Entrad!, exclamó el monje, veo el dolor, herencia del mortal, retratado en vuestros semblantes; y contra los sufrimientos del alma, no hay más bálsamo que la oración y la penitencia. Acaso seáis de las víctimas de las artes con que el demonio está castigando a los justos, por los crímenes y la corrupción de los pecadores de la ciudad viciosa; acaso seáis también de los atormentados por el brucolaco Tristán Cataletto (p. 105).

El monje manifiesta conocer desde días antes los crímenes de Tristán Cataletto, pero confiesa no haber procedido por no estar seguro, a pesar de tener numerosos testigos. Luego de escuchar el angustiado relato de Ubaldo y Annunziatta, Fray Pacomino les dice lo siguiente:

> Es necesario desenterrar al cadáver, pasarle el corazón con una larga aguja bañada en agua bendita, y clavar luego alrededor de su tumba largas espadas con la punta al aire, porque estos fantasmas de luz sideral, eléctrica o magnética, sólo se descomponen por la acción de las puntas metálicas que atraen el fluido o luz al lugar común que le tienen reservado el Eterno (p. 106).

Seguido de un numeroso cortejo, Fray Pacomino se dirige esa tarde al cementerio. Allí, ante la tumba de Tristán Cataletto, el monje y sus acompañantes proceden a realizar el ritual de exorcismo:

> Desenterró el cadáver de Tristán Cataletto, que estaba en perfecto estado de conservación, envuelto en la manta de Annunziatta, y cuyos cabellos habían crecido extraordinariamente; y después de hacerle pasar el corazón con la aguja, y de clavar las espadas, volvió a colocarlo en la tumba y dijo en voz alta los exorcismos del ritual bañando al mismo tiempo con el hisopo el sepulcro del brucolaco.

> Cuentan que desde tal día la ciudad permaneció en completa tranquilidad, y que nadie volvió a ver a Tristán Cataletto (p. 106).

Tristán Cataletto (1893) es un cuento del escritor, traductor, crítico literario y periodista caraqueño Julio Calcaño (1840 - 1918), que presenta multitud de elementos que lo califican como un relato de vampiros, acaso el primero de la literatura venezolana.

El *nosferatu* ataca de noche y su morada es su tumba en el cementerio, donde descansa de día. Su móvil es la venganza y hacer el mal, lo cual lo ubica como un ser demoníaco. Continuamente se utiliza en el relato el término "vampiro" y las alusiones góticas son evidentes. Todos estos son mecanismos que forman parte de los signos del vampiro. Pero, a pesar de ser cuatro años anterior a *Drácula* (1897), no estamos en presencia de la figura pálida, seductora, de aire aristocrático y misterioso del siglo XIX. Al leer *Tristán Cataletto* más pareciera que estuviésemos leyendo un informe medieval sobre algún caso aislado de vampirismo que un relato decimonónico.

Espacial y temporalmente la acción pareciera ubicarse en una Italia medieval. Al ente se le designa como *brucolaco* y entre sus primeras víctimas se encuentra un familiar, en este caso su nieto. Su condición es fruto de un pacto maligno, que le da ciertos poderes. Al realizar el ritual de exorcismo, lo encuentran en perfecto estado de conservación y con los cabellos crecidos. Esas descripciones corresponden más al "vampiro pre-romántico" de los informes medievales que al tentador "vampiro decimonónico".

Otras características vampíricas del relato son más generales entre los *espectros*. Para destruirlo, por ejemplo, hay presencia del elemento religioso en la figura del monje y en el uso de agua bendita. Además que para acabar con él atraviesan su corazón. Llama la atención el uso de metales para realizar el ritual de exorcismo, en este caso espadas y una aguja mojada en agua bendita.

Esta ficción tiene más semejanzas con el vampiro pre-romántico de los informes medievales que con sus contemporáneos. Por otra parte, José Antonio Pulido Zambrano, en *El horror como motivo en el cuento latinoamericano y del Caribe* (2012), nos dice sobre esta obra que: "*La lectura del Tristán Cataletto (1893) de Julio Calcaño mostrará otra historia de vampiros, donde aparece por primera vez en un cuento del continente la palabra "vampiro" en la definición de no muerto"* (p. 50). Hay que decir que del mismo año de 1893 es el relato *Thanatopia*, de Rubén Darío (1867 - 1916). Allí se narra la historia de James Leen, hijo del doctor John Leen, miembro de la Real Sociedad de Investigaciones Psíquicas de Londres y experto en hipnotismo. El joven James regresa al hogar paterno para encontrarse con que su padre, antaño viudo, ha desposado a una mujer extraordinariamente pálida, de ojos apagados, de manos frías y de un hedor repulsivo, asistida además por un aire de misterio y un sutil erotismo. James, aterrorizado, afirma que su progenitor es un asesino que a desposado a una muerta, y que ella es un "vampiro".

Si bien *Thanatopia* está fechado en Buenos Aires en 1893, se afirma que no fue publicado en vida del autor[18] y que apareció por primera vez en las *Obras completas* de Rubén Darío publicadas de manera póstuma en 1925. Sin querer afirmar o negar el carácter fundacional de *Tristán Cataletto* en la ficción vampírica latinoamericana, es por otro lado muy probable que tenga ese carácter fundador en la narrativa venezolana.

[18] Rubén Darío llegó a Buenos Aires con un cargo diplomático el 13 de agosto de 1893. Es factible la publicación de *Thanatopia* en algún medio local ese mismo año. Esa, sin embargo, es materia de otra investigación.

El vampiro (1931), de Antonio Reyes

> *Mire, aquí mismo, en Caracas, han pasado extraños y terribles casos de vampirismo.*
>
> ***El vampiro***
>
> **Antonio Reyes**

Un ilustre abogado y escritor adquiere una vieja casona, antigua pensión propiedad de unos españoles, y decide arreglarla para hacer de ella su domicilio. De gustos afrancesados, casado con una distinguida dama de la sociedad caraqueña, y siendo descendiente de nobles y valientes militares, la fortuna parecía sonreírle al abogado.

Sin embargo, al poco tiempo de haber convertido la antigua pensión en una señorial mansión, el distinguido abogado comenzó a sufrir una extraña dolencia: su cuerpo adelgazaba, se apoderó de él una debilidad extrema y su piel adquirió un tono amarillo. Enfermo, y sin que los médicos atinaran a saber qué era lo que padecía, recibe la visita de un hombre. El hombre le cuenta, con la mejor intención y sinceridad, que antaño la vieja casona había sido visitada por un vampiro, en los lejanos días en que era una pensión, y le aconseja que tome las previsiones del caso. El abogado, molesto y ofendido, despide al visitante para morir al poco tiempo víctima del extraño mal que lo aquejaba.

Años después, el visitante que trató de advertir al abogado, convertido con los años en un "simpático chiflado", cuenta la experiencia del vampiro que visitaba la pensión de los españoles, de la que fue residente.

114

El trastornado jurista describe cómo pasó mucho tiempo siendo huésped de una pareja de hispanos, mientras estos regentaron distintas viviendas en calidad de pensión, hasta que finalmente se trasladaron a una antigua y enorme casona de muchas habitaciones. La edificación abrigaba un aire que inspiraba repulsión. Cierta noche, uno de los huéspedes comenzó a quejarse en su habitación. Las quejas aumentaron paulatinamente hasta convertirse en gritos. Durante días se repitió este suceso con el mismo huésped, siempre a las dos de la mañana.

El narrador, que ocupa la habitación contigua a la del huésped que sufría de estos ataques, comienza a sospechar la presencia de un ente maligno: "*Me interesó aquel caso sobremanera y por otra parte quise ayudarlo por humanidad. Yo había leído casos de vampirismo y noté que existía cierta analogía con aquél*" (1977, p. 30). Conversó entonces con el estudiante víctima de los ataques nocturnos: "*Le insinúe con delicadeza la idea del Vampiro, pero se rió en mis barbas. Entonces resolví trabajar por mi cuenta, y al efecto quise cerciorarme de la existencia del **chupador de psiquis**[19]*" (p. 30).

Para probar o no la presencia del vampiro, colocó unas flores de cayena en la habitación del estudiante. Al otro día, las flores habían perdido su color rojo: "*Había, pues, que salvarlo a toda costa. La defensa estribaba en proceder rápidamente, y con actividad valerse de un exorcismo que dificultara las frecuentes visitas del "Vampiro".*" (p. 30). Procede entonces a realizar lo que llama "el exorcismo" pero más parece una protección contra el vampiro:

-En efecto, aquella noche tomé mis providencias, y el exorcismo dio el resultado apetecido. Rodeé convenientemente de metales, el lecho del estudiante, y no olvidé colocar en la puerta, dos espadas en formas de equis.

---

[19] Las negritas son del texto original.

-Salió todo muy bien. El paciente durmió tranquilo y no sufrió de molestia alguna. Desde entonces comenzó a mejorar, se fortaleció y entraba ya en convalecencia, cuando su familia, alarmada, vino en su busca y se lo llevó a la provincia de dónde era nativo (p. 31).

El Vampiro (1931) apareció en el volumen de relatos *Cuentos Brujos* (1931), del historiador y escritor venezolano Antonio Reyes (1898 - 1973). El relato está dedicado a Luis Urbaneja Achelpohl y consta de dos historias narradas por un mismo personaje sobre la presencia de un supuesto vampiro en una misma vivienda, en distintas épocas. Ambas historias son bastante breves y podrían pasar por anécdotas. No hay prácticamente desarrollo de los personajes, y el *espectro* parece más un ente metafísico que un *no muerto*. Sin embargo, llama la atención la gran cantidad de datos y características que da acerca de los vampiros. Hablando del hábitat de estos y de su poder de metamorfosis, se dice lo siguiente:

Pues, ¿no cree Ud. que existen los vampiros?

-Sí, viven como Ud. y como yo, sólo que su vida se concreta a las noches.

-Son buenos amigos de las estrellas y créame Ud. que los plateados rayos de la luna le son propicios.

-¿No los ha visto usted volar espantados en esas terribles noches en que grandes tempestades les dificultan su retirada a los cementerios? (p. 27).

Sobre lo que origina la aparición de un *no muerto*, y continuando con el tema del hábitat de los mismos, el narrador continúa:

Me refiero al vampiro, que podríamos llamar humano, que vivió, sufrió y murió, pero que quedó apegado a la tierra nativa por sus desbordadas pasiones que lo consustanciaron con la misma tierra, en forma tal, que su espíritu no evolucionó a otros planos, sino que quedó viviendo, aún después de muerto (perdóneme la paradoja) para escarnio de su recuerdo, y sufrimiento de sus familiares y amigos.

-Generalmente los que en vida tuvieron innobles pasiones, como la avaricia y la lujuria, son elementos muy capaces para ejercer el vampirismo en sus múltiples actividades.

-Se alimentan de psiquis y siempre eligen una persona de constitución endeble, a la que debilitan hasta aniquilarla completamente.

-Por otra parte, regresan siempre a las habitaciones en que vivieron mayor tiempo y que por lo tanto pueden responder a sus desventuras y alegrías.

-En algunas ocasiones eligen el lugar dónde murieron.

-Podría mostrarle con mil ejemplos que los vampiros existen y que no se trata de una superstición eslava, griega u oriental (p. 28).

Sobre el vampiro en su tumba y la forma de destruirlo, el narrador agrega:

-La experiencia ha demostrado que, cuando por singular casualidad son exhumados los restos de un Vampiro, se puede constatar que se trata de un cadáver intacto y que no presenta señales de descomposición. Lo que demuestra palpablemente que en cierta forma, el sujeto ha seguido viviendo a costa de la víctima elegida y el único conjuro conocido en este caso, es incinerarlo sin perder tiempo (1977, p. 32).

En relación al ritual de exorcismo, hay que destacar una coincidencia con *Tristán Cataletto* (1893), y es el uso de espadas y metales para destruir al *no muerto*. El narrador plantea que: "*El Vampiro le tiene verdadero terror al acero, y mucho más aún si éste está forjado con arte, como esas antiguas tizonas que se doblaban hasta formar un arco, sin quebrantarse en lo más mínimo*" (1977, p. 30).

A pesar de la cantidad de detalles que menciona, el *no muerto* nunca aparece físicamente, ni es visto por nadie. Sólo se intuye su presencia por los síntomas de las supuestas víctimas que enferman de manera extraña, y si bien se describe como una de ellas grita por las noches, no hay referencias a ataques ni heridas en el desequilibrado abogado o el estudiante.

Un dato llamativo es el experimento que realiza el "simpático chiflado" para comprobar la presencia del espectro: coloca unas flores de cayena en el cuarto del estudiante, que al día siguiente habían perdido su color rojo y se hallaban "totalmente mustias" (1977, p. 30). Todo lo anterior, junto a la particular manera de designar al ente como *chupador de psiquis,* nos ponen en presencia de un "ser vampírico" de la literatura venezolana y no de un *nosferatu*.

El Vampiro (1931), de Antonio Reyes (1898 - 1973), es un texto de peculiares características. Más allá de sus valores estéticos o fantásticos, la cantidad de referentes sobre el *chupador de psiquis*, la ubicación espacial y temporal de su trama (la Caracas de principios del siglo XX) y el entorno social que plantea (una de las víctimas es un estudiante, la narración en boca de un mendigo y la acción en una pensión) nos colocan frente a una obra que guarda una interesante relación con el entorno social de su aparición, permitiendo una lectura más allá del relato de ficción: el esbozo de una estructura social entonces vigente en Venezuela.

Metamorfosis (1988), de Wilfredo Machado

Se miró detenidamente en el espejo; en un principio pensó que era el ángulo lo que no le permitía verse. El espejo reflejaba con nitidez un cuadro colocado en la pared del fondo, pero su figura no estaba allí.

Metamorfosis

Wilfredo Machado

Una mujer despierta desnuda en su habitación, después de una noche de bebidas y de compañía masculina. Desde la cama en desorden ve reposar en el suelo una mancha de vino, ropa de hombre y un anillo de oro con una inscripción antigua. Dibujó de manera brumosa en su mente al hombre que se había quedado con ella casi hasta el amanecer: *"Realmente era un tipo gracioso, todo un caballero del siglo pasado - pensó sonriendo"* (1988, p. 42). La mujer se levanta sin prisa y mira el espejo. Su imagen no se refleja y trata de reordenar los borrosos recuerdos de esa noche:

Llevó las manos lentamente hasta el cuello y ya no le extrañó tocar las pequeñas heridas cercanas a la yugular (dónde aún quedaban restos de dolor y de saliva), como tampoco le extraño permanecer encerrada en el lugar más oscuro de la habitación; para luego, en mitad de la noche, salir volando a través de la ventana en busca de los lugares más sombríos con una extraña e intensa sed de sangre (p. 42).

Cuento breve, *Metamorfosis* (1988), de Wilfredo Machado, aparece en el volumen *Contracuerpo* (1988), del mismo autor. Esta narración insinúa el perfil del vampiro elegante y seductor. El *no muerto* parece *"un caballero del siglo pasado"* (p. 42), imagen reforzada por el vino y el anillo de oro. La mujer desnuda en la cama y la ropa de hombre en el piso es una velada alusión al acto sexual. Al anochecer, la mujer abandona su habitación volando, indicación a la metamorfosis que titula al texto. Finalmente, la molestia ante la luz, el no reflejo en el espejo, la mordida en el cuello y la sed de sangre completan las características vampíricas de este relato.

Es entonces *Metamorfosis* el primer relato de vampiros de la ficción venezolana que se corresponde con la definición del *nosferatu* que hemos planteado. *Un mosquito-hombre* es un "vampiro mítico" de los guaraunos; *Tristán Cataletto* (1893), es innegablemente una narración de *no muertos*, pero con características anteriores a la época de su publicación; y *El vampiro* (1931) de Antonio Reyes es un "ser vampírico" de la nuestra narrativa.

Knoche (2000), de Israel Centeno

> *Solo el conde me visita, solo con él converso mientras miro por el dosel de la ventana la silueta del enorme lobo gris mirándome implorante, soy una con el lobo y el conde, una trinidad que no termina de consumarse pues me niego a bajar a Knoche, me resisto a asumir la felicidad de Alberto y la beatificación de Lucía, todos los niños de Galipán se encuentran en Knoche; dicen que han construido una ciudadela perversa en donde reina la insensatez.*

Knoche

Israel Centeno

Una neblinosa tarde de invierno, Alfonzo llega a Londres a cerrar un trato con el conde Lepic, cuya residencia se encuentra en las afueras de York. Alfonzo, apenas llegado a la capital inglesa, aprovecha las horas que aún le restan a la tarde y visita el zoológico, interesado en ver otra vez al lobo rumano que tanto los impresionó a él y a Guillermina en su último viaje. En el zoológico descubre que el lobo ha desaparecido desde hace un tiempo, así que Alfonzo decide continuar su viaje y visitar al conde esa misma noche.

Sentado de pasajero a bordo de un viejo Rolls Royce, Alfonzo atraviesa la brumosa campiña inglesa, creyendo ver, corriendo por los campos e iluminado por una gran luna llena, al lobo rumano. Alfonzo y Guillermina, junto a Alberto, amigo de ambos, tienen un incipiente negocio de promoción turística, y buscan inversores. Tiempo antes, Alberto había iniciado unas negociaciones con el conde Lepic, en Londres, con el objeto de que apoyara la empresa turística. Pero Alberto regresó a Venezuela padeciendo una extraña locura: *"así que Alberto inexplicablemente regresó del viaje padeciendo una disolvente paranoia que lo hacía prisionero de un siniestro amo que, según sus delirantes afirmaciones, pronto vendría por él, para, con su yugo, hacerlo libre, con su cepo, darle inmortalidad"* (2011, p. 80).

El chófer deja a Alfonzo, quien se halla sumido entre temores y presagios, frente a la residencia del conde, y desaparece entre la niebla. Alfonzo avanza hacia las grandes puertas de roble de la siniestra mansión.

> Tiré la cadenilla de una campana y esperé hasta que la puerta fue abriéndose, brindando una oscuridad amortiguada por las luces de muchas velas alienadas en altos candelabros. No pude evitar entonces un sentimiento desagradable de temor. Detrás de la puerta no se hallaba mi anfitrión, el recibidor enmohecido estaba solo, entré con pasos tímidos hasta la gran sala; inesperadamente, una voz profunda me dio la bienvenida. Volteé extrañado al no ver nada más que mi sombra reflejada en las paredes de la habitación, pero cerca, muy cerca de mí estaba el rostro apergaminado del dueño de casa (p. 78).

Alfonzo es conducido por el conde hacia el comedor. Sentado frente a una rústica mesa de madera pulida, Alfonzo cena observado por su anfitrión, que no comía, mientras desde afuera se escuchan aullidos de lobos acompañados de un fuerte viento. Lepic inquiere sobre Alberto, y Alfonzo le habla del estado de locura en que regresó su amigo a Venezuela, a lo que responde el conde con una revelación:

> Alberto, nuestro querido amigo -el conde se llevó la uña ripiosa del dedo anular al labio inferior plegándolo hacia abajo. En ese momento me di cuenta de que el conde tenía unos inmensos incisivos-, me dijo que podía comprar parte de la propiedad que ustedes ocupan. Pienso reclamar en su

debido momento una tierra que pertenece a mi linaje -hizo una pausa y hurgó con la uña del dedo pulgar entre sus largos dientes- (p. 82).

Lepic se declara pariente del doctor Knoche, aquel médico alemán que, en la Venezuela del siglo XIX, trató de vencer a la muerte estudiando procesos de momificación. Después de concretar con el conde la venta de parte de las propiedades de Guillermina en Galipán, cerca de Knoche, Alfonzo se retira a una modesta habitación dispuesta para él. Los aullidos de los lobos, la noche y las estrellas colman el inquieto sueño de Alfonzo, quien siente que debe incorporarse y seguir los susurros de los *espectros* y los pasos breves y femeninos que hoyan la niebla que está dentro del propio recinto. Alfonzo se ve a sí mismo sobre una amplia cama árabe y poco a poco se materializan tres mujeres de largos y babeantes colmillos.

Yo sobre la cama estoy y sobre mí están los alientos metálicos y fríos de tres mujeres que se hacen visibles cada vez que abren sus rojas bocas de largos y sangrientos dientes, mojadas por la saliva abundante en la abundante sangre que mana de la oscura habitación donde yazgo inerme con los brazos en cruz y los ojos bien abiertos espantando la pesadilla que me muerda allá abajo en el centro de mis piernas donde nace la fuerza y el deseo de crecer y crece toda mi genitalidad disputada por tres bocas que lamen el ancho y largo pene enrojecido como un cerdo saludable que henchido no aguanta más en procura de no seguir la continencia pues quiere derramarse generoso en las tres bocas muertas que lo mamen como cachorros que lo lamen al igual que niñas engolosinadas por la cera de un panal pletórico de miel blanca derramada al fin como una ubre inmensa y universal hubiese estallado causando la hecatombe en sus fauces inundadas que no se dan abasto para sorber la vida vertida en las agusanadas muertes (p. 85).

Alfonzo ve llegar al conde con un bebé entre sus brazos. Las tres mujeres se abalanzan sobre el niño y Alfonzo siente al conde inclinarse para besar su cuello, ya vacío de sangre por las tres vampiresas.

Entre tanto, los diarios reseñan la fuga de un lobo rumano, propiedad de un circo mexicano, en Venezuela. El circo ha llegado a Venezuela después de una gira por Europa y se sospecha que el mencionado lobo es el mismo que desapareció tiempo antes del zoológico de Londres. La fuga del animal siembra el terror en la población caraqueña y sus alrededores, y *"Para colmo de males, en la Guaira se ha desatado una agresiva y extraña epidemia de cólera que ha cobrado ocho víctimas"* (p. 89).

Con el lobo rumano suelto y en medio de la epidemia, Guillermina recibe una llamada del conde Lepic, quien ha llegado a Caracas y desea ir a verla. En la misma llamada, el conde le informa que Alfonzo se ha quedado en Londres resolviendo unos asuntos. Guillermina siente mucho la ausencia de Alfonzo. Lleva ya un buen tiempo en su pequeño paraíso en Galipán, rodeada de flores, de mar y de montaña. Lucía, su amiga, ha pasado esos días con ella. Ambas corren por los prados, entre las dalias, y tulipanes, Lucía con su cabellera dorada al viento. Entre las dos palpita la voluptuosidad y el deseo.

Una tarde, Lepic visita a Guillermina y a Lucía en Galipán. Ambas mujeres quedan muy impresionadas por el conde. La mirada hipnótica del noble europeo evoca en Guillermina la imagen de Alfonzo:

Su mirada granítica surgía de su interior como un tizón que ha ardido por siempre; tenía mucho de Alfonzo, mucho de un

Alfonzo que idealizaba en mi juego íntimo, salvaje e íntegro, cruel y despiadado, galvanizado y bueno en el zumo de la bestialidad. Era Alfonzo, un Alfonzo remoto, su juventud estaba en el carbón de los ojos, en el vigor de sus labios entre mordidos por una blanca y firme dentadura (p. 94).

Esa misma noche, Lucía abandona la casa de Guillermina en Galipán para sumergirse en la montaña:

Tarde en la noche, cuando la luna se ocultaba tras los picachos, el conde se retiró y así mismo, sin saber cómo, desapareció Lucía inmersa en un éxtasis macabro, ya no sufriría; caminó entre las espigas y danzó como una sacerdotisa antigua con las cumbres de las montañas sirviéndole de escenario; era una mujer que se perdería tras el rastro del conde, perturbada por la sumisión y la felicidad (p. 94- 95).

Sin noticias de Alfonzo, con Lucía desaparecida entre la montaña, Alberto sumido en la locura y comiendo insectos en las cercanías de Knoche, y el país atacado por una epidemia, Guillermina ve pasar los días entre las visitas del conde y el atisbo de la silueta del lobo a través de su ventana. Viviendo en una especie de ensoñación, Guillermina sueña:

Vienes a mí desde las profundidades de Knoche en donde se juega a la destrucción y al abismo, pues lo inmortal solo es en la permanente destrucción, en el pavoroso abismo; esa fue la verdad que desconoció tan siniestro doctor al tratar de preservar su carne, al tratar de apergaminarse como un libro viejo; esa fue su prevaricación y su condena; pero tú, príncipe que vuelas entre las sombras y pasas rasante por la siembra de tulipanes, o corres brioso sobre las patas del lobo gris que muerde el espacio en sus aullidos, tú que tienes alas frías y viscosas, eres el caos que se perpetúa cada vez que devoras; devoras y bebes, bebes y la sangre baja a ti en el ejercicio redentor de quien nunca se sacia al chupar de la carne la vida y eres carne que se niega a ser muerta, y se niega a perpetuarse embalsamada, eres carne que pervive en el justo medio, por siempre carne con sus tormentos y vienes a mí cada noche y vuelas frente a la ventana y trotas sobre tus cuatro patas, muestras tus colmillos en lo que será para siempre jamás el territorio de tu especie que ya nunca morirá y por eso me pides el cuello, para penetrarlo profundamente y tomar de él el aliento que nos hará algo menos que inmortales y estás acá antes del amanecer, acá entre la claridad y la noche, en mi regazo, acá con tus colmillos hondos en mí, mientras me elevo en el aleteo viscoso de tu promesa maldita que me condena a ser el gusano que para siempre vivirá en las grietas de las tumbas de esos mausoleos construidos por quien habría de prevaricar y ser muerto, por negarse a beber sangre de los tulipanes que transita entre la carne y los huesos. Al fin bebo de la sangre que fluye de tu pecho, savia[20] que recorrerá mi alma haciéndola maldita por los siglos de los siglos en este lugar que llaman Knoche y que ya no es una ruina ni un recuerdo. Solo es Knoche, tu ciudad (p. 96 - 97).

Knoche (2000), de Israel Centeno (1958), aparece dentro del volumen de cuentos *Criaturas de la noche* (2000) del mismo autor. Escrito en forma de diarios y notas periodísticas, igual que la novela de Bram Stoker, el relato es una muy libre reescritura de *Drácula*

[20] Aparece como "sabía", en el original.

(1897). Los personajes de *Drácula* tienen su equivalente en *Knoche*: Alfonzo se corresponde con Jonathan Harker, Guillermina con Willhelmina Murray o Mina Harker, Alberto con Renfield, Lucía con Lucy Westenra, y el conde Lepic con el conde Drácula. El circo mexicano y el chófer haitiano que trabaja para el conde Lepic evocan a los gitanos que sirven a Drácula, y las tres vampiresas que Alfonzo encuentra en la mansión del conde Lepic a las tres vampiresas que descubre Jonathan Harker en el castillo de Drácula.

Similar al viaje que realiza el conde Drácula desde Transilvania hasta Londres, el conde Lepic se traslada desde Londres hasta Venezuela. En el relato nos encontramos con la sangre como alimento de los vampiros (primer signo del vampiro), la metamorfosis como poder del conde y la peste como elemento que lo precede (quinto signo). El elemento gótico es evidente en el paisaje inglés y en la mansión del conde (tercer signo). El erotismo de los vampiros, latente en la voluptuosidad y el deseo, y explicito cuando Alfonzo se encuentra con las tres vampiresas, es parte importante del relato (segundo signo). Lepic y las tres vampiresas son descritos, a su vez, con largos incisivos (cuarto signo).

Un recurso atrayente de esta narración es entroncar al conde Lepic con el doctor Knoche. Gottfried August Knoche (Alemania, 1813 - La Guaira, Venezuela, 1901) fue un médico alemán que emigró a Venezuela en 1840. Residenciado en el puerto de La Guaira, refundó allí el hospital "San Juan de Dios" y edificó una casa y un laboratorio privado en las montañas de Galipán, donde vivió hasta su muerte. Sus investigaciones orientadas a evitar el proceso de descomposición de los cuerpos, que realizaba con cadáveres no reclamados de la Guerra Federal (1859 - 1863), lo llevaron a una fórmula que preservaba los cadáveres, sin extraerles los órganos. Dichas investigaciones con muertos, el aislamiento y la soledad de su residencia en las montañas de Galipán, y el que se haya llevado el secreto de su fórmula a la tumba, han envuelto a la figura del doctor Knoche en un aura de misterio y de leyenda.

En el relato se dice que la peste que antecede al conde Lepic se desata en La Guaira, y que es de cólera. El doctor Knoche es recordado por haber combatido una epidemia de cólera en La Guaira a mediados del XIX. Gran parte de esta ficción ocurre en las montañas de Galipán, residencia del doctor Knoche. Hay además un evidente juego de palabras entre Knoche y noche.

Knoche (2000) es una ingeniosa reescritura de *Drácula* (1897) que reúne varios de los códigos del vampiro y que mezcla sutilmente fantasía y realidad. Con muy destacables valores estéticos, *Knoche* es una obra abierta a diversas posibilidades de análisis y comprensión.

Vampiros al sol (2010), de María Teresa Fuenmayor Tovar

> *Y aún a esa distancia pudo reconocer los míticos signos. Sus labios temblaron, él lo notó de inmediato pues contuvo una risa burlona. Una tormenta se desencadenó en la mente y sentimientos de Zahidy: él podría liberarla... si lo decidía, si lo quería.*
>
> *Vampiros al sol*
>
> **María Teresa Fuenmayor Tovar**

Zahidy suspira después de terminar el último capítulo de la novela *Amanecer* de Stephenie Meyer. Tomó un bolígrafo y empezó a escribir sus reflexiones: historias, tan comunes en Venezuela, sobre "encantos" y "brujas"; aquel relato de cuando era pequeña sobre un presidente venezolano que consumía sangre de niños. Zahidy recordaba a su papá desmintiendo lo del presidente vampiro y asegurando que en realidad había sido un millonario brasilero que se bañaba en la sangre de los niños. También recordó a su mamá hablando de un peón de hacienda que era fuerte como un toro. Aquel peón bebía un vaso de sangre de res cada vez que sacrificaban alguna.

Zahidy rememoró la historia sobre la maldición familiar. Hacía mucho, en una finca en Barlovento, un antepasado suyo había sido maldito por una mujer que "*enterró un trabajo de Magia Negra cuyos efectos sufrirían todas las mujeres de su familia*" (2010, p. 11). Finalmente soltó el bolígrafo, pensando en lo lejano de las novelas de vampiros que leía. No sin remordimientos, sintiéndose una asesina, fue a alimentarse:

> Bajó al sótano, a su despensa. Extrajo la jeringa de su bolsillo y se aproximó a la joven que la miraba con ojos aterrorizados como siempre, como cada semana en los últimos dos años. Extrajo la ración semanal de sus deterioradas venas. Dos meses más duraría, como mucho, luego tendría que sustituirla. Salir de cacería. Rutina (p. 11-12).

Luego, al irse a dormir, pensó en la ironía de tener que ir a trabajar al día siguiente en una librería, vendiendo novelas de vampiros, sin que sus clientes siquiera sospecharan que una vampiresa se los había despachado.

Al día siguiente, en la librería, Zahidy sintió una mirada. Era otro vampiro. Podían reconocerse entre sí, y de cuando en cuando veía alguno, sin que hubiera mayor interés de parte y parte. Pero ante la insistencia de la mirada que la escrutaba, observó más detenidamente al individuo de tez oscura y camisa negra parcialmente desabrochada. Reconoció en el pecho del individuo un medallón con míticos símbolos. Según las leyendas, sólo él entre los vampiros podría librarla de su condición de vampiresa. Zahidy se acercó inquieta, expectante, al desconocido. Sin mayor protocolo Zahidy lo confrontó con el conocimiento sobre el medallón y su significado. El desconocido, entre evasivas y sonrisas irónicas, reconoció que él era quien ella pensaba, y que sí podía hacerla humana, pero se fue sin dar muestras de querer ayudarla, dejándola con un sentimiento de impotencia y frustración.

Semanas después, el vampiro regresó a la librería. Luego de conversar brevemente con Zahidy, le encarga la lectura de algunos pasajes de la *Biblia*. Zahidy leyó con interés el libro sagrado. Desde ese día y durante varias semanas, ella y el vampiro intercambiaban historias y confidencias:

-¿Qué fue de Caín?

-Se quedó merodeando al pueblo hebreo. De hecho, hay un capítulo dónde se aconsejaba a los hebreos salir al bosque a hacer sus necesidades llevando una estaca para clavarla en tierra (para clavarla en Caín) si este osaba acercarse…

Y hay otra cantidad de alusiones al respecto… como el hecho de que aún hoy en día a los israelitas les es vedado el comer sangre (aún de animales) para evitar ser "atraídos" por el pecado de Caín… la ingesta de sangre humana (p. 19).

Después de un mes de visitas a la librería, el vampiro, que se hacía llamar Walker, confiesa que uno de sus nombres fue Caín. Le revela a Zahidy que él fue el primero de los vampiros, y que es "inmortal". Que su castigo, su maldición, está en la inmortalidad, en ver morir a quienes quiere, entre ellos a su propia descendencia, que son vulnerables a la estaca. También le revela que puede hacerla humana, pero que si lo hace ella dejará de sentir. Ante las preguntas de Zahidy de qué es lo que dejará de sentir, Walker responde besándola.

Walker y Zahidy van juntos a la playa. Conversan, se bañan y disfrutan del sol. Walker le requiere a Zahidy que tome una decisión, y ella le pide una semana para pensar. Al regreso, en un bus, escuchan música romántica. Al llegar a la casa de Zahidy no se despiden, y pasan juntos la noche. Zahidy, a pesar de sus dudas sobre un futuro incierto, decide no renunciar a su condición de vampiro para quedarse con Walker. Ambos se besan iluminados por el sol que entra por la ventana.

Vampiros al sol (2010), de María Teresa Fuenmayor Tovar, forma parte del libro *Vampiros al sol y otros cuentos* (2010) de la misma autora. Es un relato de cierta extensión, dividido en siete capítulos que aborda el tema de los vampiros pero desde obras más contemporáneas. En ningún momento se menciona a *Drácula* (1897), y los referentes literarios y de leyenda parten de las interpretaciones muy libres que se hacen de algunos pasajes de la *Biblia* y de las novelas de la saga *Crepúsculo*, de Stephenie Meyer (1973), que hasta el momento se compone de las siguientes novelas: *Crepúsculo* (2005), *Luna nueva* (2006), *Eclipse* (2007), y *Amanecer* (2008). En todo momento, el patrón de comparación son las novelas antes mencionadas. Reflexionando sobre su condición, Zahidy piensa que: *"No, nadie nunca jamás cambiaría las cosas. Estaba condenada... para siempre. CRÉPUSCULO era otro mundo. Un mundo irreal en el cual entre vampiros y humanos podían crearse lazos de amistad y de amor. Una novela fascinante, pero novela al fin"* (2010, p. 11 - 12).

Walker, si bien confiesa tener de miles de años, no es un personaje aristocrático[21]. Cuando Walker y Zahidy van a la playa, Zahidy cavila mientras sonríe *"Cuánta diferencia entre la ficción y la realidad. Bella y Edward podían ir a una isla privada, ellos tenían que ir a un balneario público, el más económico"* (2010, p. 28). Y cuando regresan, lo hacen en el transporte público *"Al regreso, el infaltable ambiente musical del autobús por una rareza no era un reggaeton"* (p. 29).

Por otra parte, son inmunes a los rayos del sol *La ventaja: no tenían que ocultar una piel luminosa, casi incandescente. Podían pasar desapercibidos. Podían pasar por normales. Ellos mismos podían hasta creérselo un poquito... si no pensaban mucho en ello... y si no los apuraba la sed* (p. 28).

Un aspecto llamativo es el hecho de que los "vampiros" de este cuento son reflexivos sobre su suerte y sienten remordimiento. Zahidy, luego de extraer la sangre de la joven que retiene cautiva en

---

[21] Entre las creencias sobre el *vampyr* medieval se contaba que estos tenían la capacidad de localizar tesoros ocultos. Por eso se creía que los más viejos *vampyr* podían, con el tiempo, llevar una "vida" aristocrática. Ese sería el caso del conde Drácula, quien podía mantener su título nobiliario y su estatus (a pesar de haber "muerto" cuatro siglos antes) merced a las riquezas encontradas siendo vampiro. En la novela, el conde hace una referencia a esto cuando conversa con Jonathan Harker (el pasaje en cuestión corresponde al 7 de mayo, en el diario de Harker).

su sótano, recapacita: *"Mientras la sangre entraba en su cuerpo haciéndole sentir renovada energía tuvo un pensamiento de rencor hacia ese tataratatarabuelo cuya culpa expiaba. Cuya culpa la convertía en asesina SIN ALTERNATIVA"* (p. 12).

Tenemos entonces a unos *espectros* consientes, con emociones y culpas e inmunes a los rayos del sol. Por otro lado, son seres (según el relato) malditos, consumidores de sangre y de aspecto humano. Si no fuese por las historias de Walker (que quedan en eso, en historias), podríamos explicar el cuento como el testimonio de Zahidy, que en apariencia sufre alguna deficiencia hemática, y de cómo esto la lleva a autoproclamarse una "vampira" y le sirve de "justificativo" para sus asesinatos.

En ningún momento se dice que Zahidy esté *no muerta*. Ella está viva y solamente habla de cambios dolorosos en su cuerpo al llegar la pubertad, sin llegar a detallar dichos cambios, y que desde entonces tenía que consumir sangre. Por otro lado, Walker es un ser de miles de años (según él) que viaja en autobús y que en ningún momento muestra sus supuestos poderes o siquiera aparece consumiendo sangre (Zahidy sí).

Vampiros al sol no es una ficción de vampiros, y cuesta clasificarla siquiera como "ser vampírico de la literatura". Antes bien es una ingenua historia de amor, con alusiones vampíricas, entre sujetos con una ética muy cuestionable: Zahidy, quien aparentemente sufre alguna enfermedad de la sangre, no tiene reparos en secuestrar personas y mantenerlas cautivas durante meses mientras les extrae la vida hasta que mueren; y Walker, quien se anuncia como un milenario vampiro, pero no muestra ni demuestra nada que lo compruebe, por lo que presumiblemente engaña a Zahidy.

Que estemos ante un relato que más que presentar vampiros haga "alusiones vampíricas", no es de sorprender. Más bien las expresadas menciones son frecuentes en muchos textos, y pueden encontrase en las narrativas más insospechadas. En *La viuda de Corinto* (1837), de Fermín Toro (1807 - 1865), el título, como señala Pulido Zambrano

(2012, p. 48), hace alusión al poema vampírico *La novia de Corinto* (1797), de Goethe (1749 - 1832). El epígrafe de esta obra de Fermín Toro, además, reza lo siguiente "*¿Cuándo rayará la aurora en el sepulcro para que despierten los que duermen en él?*" (1979, p. 69). Sin embargo, *La viuda de Corinto* (1837) no es un relato de *nosferatus*, sino una historia trágica de amor en tierra de musulmanes. Tampoco lo es el cuento *El otro retrato de Dorian Grey o Historia de Vampiros Comunes* (2003), de Riolama Fernández, breve ficción que nos presenta a una pareja donde uno de los cónyuges consume al otro de manera metafísica o energética. En ambas obras tenemos referencias vampíricas, pero no vampiros.

A pesar de lo anterior, *Vampiros al sol* hace referencia a obras contemporáneas en mayor relación con visiones actuales sobre los vampiros, por lo que debe tenérsele en cuenta para futuras caracterizaciones.

Un vampiro en Maracaibo (2008), de Norberto José Olivar

Existe, al margen de eso que llamamos realidad, un mundo oscuro –y al mismo tiempo invisible para las mayorías–, que al ser develado es capaz de devorar nuestra tranquilidad y revertir nuestros principios y creencias más elementales.

Todo lo dicho aquí es producto de una investigación histórica muy singular en la que jamás me habría imaginado.

Este es el relato de lo que encontré.

Un vampiro en Maracaibo

Norberto José Olivar

Ernesto llega a la fuente de soda "Irama" con la idea de conversar y beber unas cervezas hasta la media noche. Para Ernesto es la misma rutina todos los días, desde que se separó de Patricia: no puede conciliar el sueño en su residencia, así que pasa la mayor parte de su tiempo entre la fuente de soda y su cubículo en la universidad.

En la "Irama" le esperan Sergio y Francisco. Los amigos son bien conocidos en la fuente de soda, por lo que se vuelve habitual que Teddy y Quintero, los mesoneros, se acerquen a conversar con ellos cuando hay menos clientes. Hasta el chileno, el encargado de la caja, está siempre pendiente de opinar en sus charlas. Francisco, luego de anunciar sus planes de boda, comenta sobre el proyecto de investigación en el que está trabajando: un estudio sobre los fantasmas en Maracaibo. Ernesto, entre incrédulo he interesado, pregunta sobre el curioso proyecto y Francisco le enumera una serie de fantasmas y casas habitadas por espíritus:

- ¡Ufsss!, suficientes jefe, -dijo recostándose al espaldar y usando los dedos de la mano para contar-: La novia del Milagro, el muchacho de la calle El Diablo, Josefa Caballero, el cayuco de Bartolo, el electrocutado de La Limpia, la dama de blanco que se monta en los carritos por puesto, la mujer de la Biblioteca Pública, el Jovencito de los Altos de Jalisco y Fátima, la estudiante que aparece en el estudio de locución de la Facultad de Humanidades; pero también estamos interesados en algunas casas que se han convertido en refugio de fantasmas, como la quinta La Luminosa, la casa hechizada de 5 de Julio, frente al Colegio Nazareth, y una quintica en La Lago, cerca del edificio San Jacinto. (2008, p. 17 - 18).

Ernesto regresa pensativo al cuchitril, como él llama a su residencia, una habitación pequeña y sin ninguna comodidad. El hastío lo domina y piensa en la muerte. Ni siquiera la perspectiva de llamar a Lolita y tener sexo con ella lo estimula. Entre tragos y bebidas energizantes, Ernesto se sienta a tratar de escribir. Su última novela fue de fantasmas, ¿sobre qué escribiría ahora?

Ernesto se levanta después de tres horas de mal sueño y va para la librería de Nacho. Allí le muestran la última novedad editorial y éxito en ventas. Ernesto toma el grueso volumen de casi setecientas páginas con desconfianza: *"Leo el título y me pica una curiosidad extrema y morbosa: La historiadora, de Elizabeth Kostova. Leo la tapa de atrás y se trata de una remozada historia de vampiros, de Vald Tepes, el Empalador"* (p. 24). Adquiere la novela y pasa el día leyéndola de manera compulsiva, hasta terminarla:

Como dije, es una oxigenada narración de vampiros, entretenida, pero que me inyectó una maligna ponzoña en la cabeza. Kostova acababa de mostrarme lo que debía escribir, lo único que el estado actual de mi espíritu, alma, lo que sea, era capaz de penetrar, de hurgar sin medias tintas, para poder decir algo con sentido a los demás y a mí mismo, en virtud, según Sábato, citando aquella dialéctica kierkegaardiana, de que alcanzamos el corazón de todos cuanto más a ahondamos en el nuestro (p. 25 - 26).

Ernesto revisa sus papeles. Hacía tiempo, escribiendo un relato sobre el editor marabino Agustín Barald, se encontró con un extraño personaje de la Maracaibo de los años treinta: Ramón Pérez Brenes, a quien en aquellos días se acusó de brujería, violación, y vampirismo. La próxima novela de Ernesto, nebulosa aún, comenzaba a gestarse.

Ernesto va esa noche a la "Irama". Junto a sus habituales amigos, departe con otros profesores que han llegado al local. Son Antonio Isea y Valmore Muñoz. Para sorpresa de Ernesto, el primero fue compañero de trabajo, en los Estados Unidos, de Elizabeth Kostova, la autora de la novela *La historiadora*. Valmore interviene en la conversación sobre vampiros y señala que la literatura marabina no está exenta de los no muertos, refiriéndose específicamente a dos relatos de principios del siglo XX, supuestamente basados en un mismo hecho real. Valmore habla de los relatos *El espectro vampiro* de Marcial Hernández y *El Lechuza* de Elías Sánchez Rubio. En *El espectro vampiro* el doctor Hernández comienza a tratar el caso de Mélida Duarte, novia de Nectario Leal, un amigo de Sánchez Rubio. Mélida sufría de una extraña enfermedad, que el doctor Hernández no pudo precisar, pero que asociaba con la pérdida de sangre. Después de dos semanas, el doctor llegó a visitar a su paciente más tarde de lo acostumbrado, y *"Cuando entraba a la casa escucho que un hombre le decía que la señorita Duarte estaba así porque un muerto le estaba chupando la sangre todas las noches"* (p. 35) además de encontrar a un grupo de mujeres rezando alrededor de la muchacha. El médico, indignado por lo que consideraba superstición pero intrigado por las palabras que escuchó al llegar, le suministra a la joven un somnífero y ordena a los presentes permanecer vigilantes toda la noche. Tarde, el doctor Hernández, Elías, y Nectario, escuchan sonidos en la habitación. Entran asustados para encontrarse con un enorme murciélago dormido sobre la joven. Lo tomaron por las alas y lo llevaron al patio. Cuando estaban a punto de matarlo con un machete, el animal despertó: *"El murciélago, o lo que parecía un murciélago, se echó a la calle, entre la oscuridad, y a Elías y a Nectario les dio la impresión de que se iba metamorfoseando en hombre, pero entre la negrura de la noche y el susto no estaban seguros de lo que creyeron haber visto"* (p. 37).

Elías queda impresionado por la experiencia, y durante años se dedica a tratar de dar con el *hombre-murciélago*. Recorre la ciudad, los caminos enmontados, la playa, bares y lupanares preguntando, hasta que una noche ve a un hombre muy arrugado, de piel amarilla y sudor frío, jugando a las cartas en un tugurio. Inmediatamente supo de quien se trataba:

> Era tan flaco que se le notaban las protuberancias y depresiones del esqueleto. Su voz era lenta, sorda y cavernosa. Al levantar las cartas quedaban al desnudo unas manos sarmentosas, uñas recias, afiladas, y los dedos parecían ligeramente entrelazados por una especie de cartílagos. Sus dientes eran algo puntiagudos, rojizos, bañado de una saliva excesiva e incontrolable (p. 39).

Elías pregunta al hombre que parece ser el propietario del lugar sobre el insólito jugador de cartas. El hombre, sirviendo unos tragos, le responde: el *Lechuza*. Agrega el tabernero que nadie sabe quién es, sólo que es asiduo a bares y prostíbulos. El *Lechuza* sale del local y Elías lo sigue por las sombrías calles. La oscuridad era muy densa, dificultando la visión. Elías no desiste de su propósito y continúa la cacería, en espera de que el *hombre-murciélago* se detuviera:

De pronto, a Elías se le hizo que una neblina, un humo gris o negro, ¿cómo precisarlo con tanta oscuridad?, salía del cuerpo de este hombre, como si se evaporara. Corrió al sitio a saltar sobre su presa, pero el Lechuza había desaparecido; el traje oscuro a rayas, la camisa negra, la corbata, el sombrero y los lentes estaban sobre los adoquines de la calle" (p. 41).

Meses después vuelve a toparse con el *Lechuza*, quien se hallaba recostado en un ruinoso muro y hablando solo, o con alguien sólo visible para él. Se acerca al *hombre-murciélago* y lo llama. Éste lo mira con frialdad y desaparece caminando en la oscuridad de la noche: "*Más tarde recordé que, al alejarse, sus pasos no producían rumor alguno sobre el empedrado de la calle*" (p. 42). Al comentarle el suceso al propietario del pequeño local donde encontró al *Lechuza* jugando a las cartas, este le responde:

¡El Lechuza!, murmuró mi interlocutor, mirándome con los ojos desorbitados, y tan pálido como el oro de sus sortijas. ¿Pero es que ignora usted el escándalo que hubo con ese condenado viejo?... Fue necesario sacarlo del lugar en que, por casualidad, se supo que estaba enterrado, y clavarle una estaca bendita en el corazón para matarlo bien, porque de noche se salía de la tumba y después de pasarle revista a las jugadas, como usted lo vio una vez, se deslizaba sin que nadie lo viera ni supiera cómo en los cuartos de las mujeres dadas a luz, a chuparle la sangre a los recién nacidos; así mató a montones de muchachitos, hasta que descubrieron la cosa. Dicen que eso lo había venido haciendo desde qué sé yo cuánto tiempo que tenía de enterrado, y que no acababa de morir porque se alimentaba con la sangre que chupaba por la noche, volviéndose después a su ataúd (p. 42).

Las referencias del profesor Valmore dejan pensativo a Ernesto. Éste se apresura a revisar los archivos del diario *Panorama*. Allí se encuentra con noticias de la década de los 70 que hablan de casos de vampirismo en Maracaibo. En las noticias, destacan dos figuras: Jeremías Morales, funcionario de la PTJ[22] que investigó los supuestos casos de vampirismo en Maracaibo, y Zacarías Ortega, nombre del supuesto vampiro. Ernesto acuerda una entrevista con el ex comisario Morales. El ya jubilado funcionario de la policía atiende a Ernesto en su casa, y entre tardes y cervezas el escritor recibe las confidencias y recuerdos del viejo ex PTJ.

El ex comisario Morales le habla a Ernesto sobre Zacarías Ortega, también conocido como el *Vampiro del lago* o el *Lechuza*. El comisario cuenta cómo en 1975 fue comisionado para investigar la aparición de tres cabezas en distintos ríos de una zona rural. No había señales de los cuerpos, e identificadas las cabezas correspondían a hombres de treinta y tres años, la edad del Redentor. Luego de varios días, una mujer denuncia la desaparición de su vecina y comadre, Pilar Briceño. La mujer confiesa sospechar de Zacarías Ortega, concubino de Pilar. Zacarías acostumbraba a llegar muy tarde en las noches, con el rostro y la ropa manchadas de sangre. Él decía que trabajaba en un matadero, pero ya Pilar le había hecho saber a su comadre sus recelos y temores.

El comisario Morales, el forense, otro comisario, y la denunciante, se dirigen a la residencia de Pilar Briceño, un humilde rancho alejado en un monte. Rodearon la vivienda sigilosamente y, pistolas en mano, entraron derribando la puerta de lata:

---

[22] En Venezuela, siglas del Cuerpo Técnico de Policía Judicial, también conocida como Policía Técnico Judicial (PTJ). Creada a principios de 1958 era un ente adscrito al Ministerio de Justicia, responsable de las investigaciones criminales, los servicios forenses, y contra narcóticos. Fue reemplazada a finales de 2001 por el Cuerpo de Investigaciones Científicas, Penales y Criminalísticas (CICPC).

Lo que vimos fue una verga muy arrecha, mijo (dijo el viejo ex petejota sacudiendo la cabeza, agobiado por las imágenes que recordaba), jamás había visto un ser tan flaco como ese Zacarías; estaba desnudo, era un esqueleto cubierto con una piel arrugadísima, pálida, amarilla, asquerosamente sudado; me daba asco pensar que tenía que tocarlo. Los dedos de los pies y las manos parecían unidos por una especie de pellejo, grasa, no sé explicarle eso, era una deformidad que nunca había visto. El tipo nos miró y se echó a reír, los dientes eran rojizos y astillados, como vidrios rotos, una lengua inmensa, cochambrosa. El hombre nos miró sorprendido, lo conseguimos de rodillas y, no le he dicho, la sangre le chorreaba de la boca, le caía al pecho, el hijueputa le estaba succionando la sangre al cuerpo de un muchacho que había puesto en un camastro sin colchón. Le cortó la yugular; el propio Drácula, pues, una vaina loquísima, en mi vida había visto algo semejante (p. 57).

A pesar de su enorme fuerza, los oficiales logran someter a Zacarías. En la comisaría, Morales no pierde tiempo de interrogar al vampiro. Zacarías declara ser del Estado Yaracuy y tener cuarenta y nueve años, pero después dice haber vivido muchos años, haber visto nacer y morir a muchos hijos, haber llorado la muerte, por vejez, de muchas esposas. Morales, le hace ver la incongruencia de sus afirmaciones, a lo que Zacarías responde:

-Porque, cómo le digo, comisario, yo anhelaba vivir eternamente, hasta que el mundo dejara de ser mundo, no quería perderme nada, estar en todo, porque hay quienes quieren la vida eterna en el Paraíso; pero yo no, comisario, lo que yo quería era la vida infinita, pero aquí en la Tierra, disfrutar de los placeres terrenales por siempre, sin límites, y eso, usted comprenderá, tiene su precio. Andaba en eso cuando me encontré al médium de un grupo que se hacía llamar "Los hijos de Drácula y lucifer". Me reuní con ellos durante casi un año, hasta que llegó el momento oportuno e invocamos a luzbel. Ante su presencia, rogamos por la concesión de la eternidad para mí; a cambio y entregaba mi alma y me comprometía a servirle, a ofrendarle los sacrificios humanos que fueran necesarios para su honra y la prolongación de mis días. (p. 61).

Cuatro años después de la captura de Zacarías Ortega, el comisario Morales es requerido por el director de la PTJ. El director le ordena asumir con urgencia una investigación que ha solicitado el Secretario de Gobierno porque *"la Policía del Estado está hecha un mierdero con unos supuestos vampiros que andan como perros por su casa sacándole la sangre a cuanto carajito se consiguen por el camino"* (2008, p. 75). El comisario Morales, junto a Villegas, periodista de sucesos del diario *Panorama*, comienza a trabajar en el caso. Ambos conversan con una de las víctimas: un niño de once años que describe:

Yo venía muy tranquilo, y creo que ni una cuadra había caminado cuando se me paró al lado un carro negro, grande; se bajó un padre, flaco, muy viejo porque tenía muchas arrugas, altote como mi papá, me habló, pero no le entendí, se rió y le vi los dientes, más feos que nada, rotos, puyuos y como rojos, yo me paré asustao y él me puso un pañuelo en la cara y creo que me dormí (p. 83).

La descripción del falso sacerdote pone en guardia al comisario Morales. A pesar de que la información que tenía era que Zacarías Ortega se había ahorcado en la cárcel, considera la posibilidad de que el vampiro haya regresado. Morales y Villegas deciden hablar con "el Enviado", un brujo conocido por Morales. El brujo les da dos posibilidades: la casa de una bruja guajira, conocida por "hospitalizar" clientes con trabajos difíciles y el cementerio viejo. Con el apoyo de otros oficiales se establece vigilancia en ambos sitios. Tarde en la noche reciben información de un sospechoso entrando al cementerio. Hacia allá se dirigen, y en compañía de otros agentes entran al antiguo campo santo:

> Nada más triste que un cementerio abandonado, pensé aturdido, tanta gente olvidada, irrespetada y que, a pesar de todo, aguardan la resurrección; digo que la aguardan porque es lo que se piensa cuando se ven aquellas figuras y símbolos que evocan el sueño de otra vida después de la terrena (p. 97).

Los agentes distinguen la forma de Zacarías moviéndose entre la tumbas: *"Cruzamos por la callecita central y pasamos al otro lado; pese a la oscuridad, podíamos verlo con cierta facilidad, hasta que, repentinamente, el hombre, la silueta, el sospechoso, el vampiro Ortega, lo que fuera aquello que perseguíamos, entró en uno de los mausoleos"* (p. 99). Rodean el Mausoleo de concreto, y Morales se adelanta a entrar: *"Pero, inexplicablemente, dentro del mausoleo no había nadie, y por más que revisamos, palmo a palmo, no conseguimos ningún rastro; es más, juraría que en ese sitio no había entrado nadie en muchos años"* (p. 100). Todo dentro del mausoleo parecía intacto, y así lo corroboró el posterior informe de un ingeniero de Obras Públicas del Estado. Incluso las tumbas se observaban dentro de lo reglamentario, según el mismo informe. El mausoleo pertenecía a la familia Pérez Brenes.

Ya en su cuchitril, piensa en las historias del viejo ex PTJ mientras examina sus papeles: el apellido Pérez Brenes no deja de dar vueltas en su cabeza. Sabe que la relación entre el vampiro Ortega y Ramón Pérez Brenes no puede ser casual:

> digamos que el vampiro Ortega sea un seguidor, un discípulo de Pérez Brenes, como otros chupasangre más jóvenes pudieran ser acólitos del vampiro Ortega que, a estas alturas, habría ganado alguna fama entre los de su especie. Sea lo que sea, estoy a medio camino y no pienso detenerme ahora (p. 104).

Ernesto estudia las correspondencias oficiales y otros documentos que guarda sobre Pérez Brenes. Entre ellos, están los partes policiales del inspector Carmelo Guanipa. El inspector Guanipa describe a Pérez Brenes como un hombre de rutinas, bebedor, muy alto y delgado, de aspecto terriblemente anciano por las *"infinitas arrugas"* (p. 107), pero de movimientos enérgicos: *"Olvidaba añadir a la descripción de Pérez Brenes que el pobre tiene unos dientes que, de sólo verlos, dan grima: rojizos, bañados en una saliva espesa, repugnante"* (p. 108). El inspector Guanipa acota en su informe: *"Y hablando de apariencias, el moquete ese de el Lechuza le cae muy bien a Pérez Brenes. Lo digo porque ese tipo sólo sale de noche"* (p. 110). En la mente del sorprendido escritor se agolpaban las preguntas, ¿Qué pasó finalmente con Zacarías Ortega? ¿Qué ocurrió con Ramón Pérez Brenes? ¿Qué relación había entre ellos y el *Lechuza* que atacaba a mujeres y niños en la Maracaibo de principios del siglo XX? Mientras continúa sus investigaciones, recibe la noticia de que en una zona rural, donde en algún momento se dijo que vivía Pérez Brenes, ha aparecido ganado caprino muerto, con perforaciones en el cuello y sin sangre. Ernesto decide ir a ese lugar mientras la novela, una historia de más de un siglo, se sigue escribiendo en su pensamiento.

Un vampiro en Maracaibo (2008), de Norberto José Olivar (1964), es quizá la primera novela de vampiros en Venezuela. El relato del profesor Ernesto ocupa diversas épocas y lugares de la capital marabina. El vampiro de los relatos de principios del siglo XX de Marcial Hernández y Elías Sánchez Rubio; el brujo Ramón Pérez Brenes, de fines de la década del 30; Zacarías Ortega, el *Vampiro del lago* de la década del 70, todos con el mote de el *Lechuza*, parecieran ser el mismo individuo recorriendo los bares, lupanares, y noches marabinas.

Estructuralmente hablando, la novela está construida sobre la base de una serie de episodios con diferente marco temporal, independientes entre sí pero vinculados por la temática vampírica. Hay además una narración polifónica, donde distintos personajes avocan y describen la trama, con la preeminencia de dos voces: la del profesor Ernesto y la del ex comisario Morales. Ambos representan dicotomías interesantes en sí mismas: la del profesor universitario, titular del saber científico pero que ansía conocer lo intangible, y la del policía, guardián de la sociedad creada por el hombre que debe enfrentar una y otra vez a un ente cuya existencia es una negación, no sólo a las leyes del hombre, sino a las leyes de la misma naturaleza.

Varios de los signos que hemos citado como vampíricos se encuentran y se conjugan en esta novela. Se menciona la estaca, en el caso del *Lechuza* de principios del siglo XX, como una manera de acabar con el *no muerto*, y ataúdes y cementerios como sus lugares de hábitat o descanso (séptimo y tercer signo, respectivamente). Aunque no pareciera que el sol los afecta, los vampiros de esta novela se mueven esencialmente en la noche (tercer signo). Hay metamorfosis de hombre a murciélago y de hombre a neblina (quinto signo). Tanto en Zacarías Ortega como en Ramón Pérez Brenes se destaca su apetito sexual (segundo signo). La sangre es su alimento y es utilizada como moneda de trueque en el pacto demoníaco de Zacarías (Primer signo). El vampiro, en el caso de Zacarías Ortega, surge como consecuencia de un pacto demoníaco que le da un lapso de tiempo perenne (séptimo signo).

Los mecanismos antes mencionados colocan a la obra en relación con los otros textos venezolanos aquí revisados. La sangre como alimento aparece en *El mosquito-hombre*, *Metamorfosis*, *Criaturas de la noche* y *Vampiros al sol*. La estaca como forma de matar al ente se menciona en *El Vampiro* y *Vampiros al sol*. Destruirlo atravesando su corazón se indica en *Tristán Cataletto*. Los cementerios y la noche como hábitat de los vampiros aparecen en *El mosquito hombre*, *Tristán Cataletto*, *Metamorfosis*, *Criaturas de la noche*. El poder de la metamorfosis se menciona en *El Vampiro*, *Metamorfosis*, y *Criaturas de la noche*. Finalmente, el apetito sexual es parte importante de *Metamorfosis* y *Criaturas de la noche*.

Hay, además, dos características a destacar. La primera es la auto conciencia que de sí mismo tiene Zacarías Ortega. Zacarías se reconoce como un ser maldito, señalando que la "eternidad" es su maldición, y llega a plantearle al comisario Morales que lo ayude a auto destruirse. Dicha auto conciencia tiene un antecedente lejano en *Varney el vampiro,* o *El festín de sangre* (1847), de James Malcolm Rymer (1814 - 1884). Sobre este punto Bajarlía nos dice que:

> Pero, al revés de otros vampiros, siempre aniquilados mediante una estaca, Varney, reaccionando contra su propio destino, remordiendo del mal que ha realizado, se arroja un día al cráter del Vesubio, implorando su destrucción definitiva (1992, p. 35)

Y más adelante, Bajarlía agrega que: *"Lo insólito del relato es que el protagonista adquiere conciencia de su malignidad. Actúa con una autocrítica que es ajena a la naturaleza del vampiro"* (p. 35). Dicha autocrítica, impropia de *Drácula* (1897) y de los *espectros* decimonónicos, es más común en obras vampíricas actuales y podemos encontrarla en los personajes del relato *Vampiros al sol* (2010).

La otra peculiaridad a subrayar es el aspecto de los vampiros, que son descritos de forma grotesca: extremadamente altos y delgados; de pies grandes, piel amarilla, sudada, viscosa y muy arrugada; de boca babeante, con una lengua muy larga y dientes afilados que asemejan a vidrio picado y con carnosidades entre los dedos. En *Drácula* (1897) se mencionan las orejas puntiagudas del conde, su palidez extrema y sus incisivos largos y afilados, pero el resto de su imagen es la de un ser humano. Y es ese, en general, el perfil de los vampiros decimonónicos.

No encontramos entonces paralelismos entre la apariencia de los vampiros de esta novela con la tez de sus modelos literarios del siglo XIX ni con los otros textos venezolanos aquí revisados, por lo que el *Lechuza*, Zacarías Ortega y Ramón Pérez Brenes son tipos diferenciados, en lo que respecta a su exterior, de los *no muertos* de nuestra literatura, aunque es probable que haya antecedentes sobre su semblante en textos medievales.

Un vampiro en Maracaibo (2008) marca una apertura y nuevas posibilidades dentro de la narrativa venezolana. Ficción y realidad se mezclan en las investigaciones del profesor Ernesto, y espacios geográficos, momentos históricos y personajes reales interactúan con brujos, sectas y vampiros, construyendo un orden cuya premisa es la vaguedad con respecto a la muerte como final. La muerte como posibilidad es parte del mundo del vampiro. A diferencia del hombre en quien la muerte es una realidad, un destino inevitable, el vampiro puede eludirla y "existir" en una condición que lo hace sujeto y prisionero del mal y sus símbolos.

En esta novela el fallecimiento de los *no muertos* aparece como algo temporal, como un intermedio para sus acechanzas, no como el fin de los mismos. El *Lechuza*, Zacarías Ortega y Ramón Pérez tienen demasiados puntos en común, y si bien se los menciona como individuos distintos, sus paralelismos hacen pensar en un mismo ente que, con periódicos descansos o prórrogas, regresa una y otra vez del más allá con el mismo apodo del *Lechuza*, y con la misma sed de sangre, noches, bares, cerveza y lupanares.

Resumen y conclusión

Olvide los temores. Más allá no hay más que un largo e infinito sueño. Ése es el gran secreto que todos ocultan y por el que se ha derramado tanta sangre.

Un vampiro en Maracaibo

Norberto José Olivar

La literatura ha magnificado la figura del vampiro y con el cine llega casi su divinización. De los rasgos originales que lo representan, no queda nada. Del primitivo íncubo y súcubo a la criatura híbrida, innoble y repugnante, el vampiro se ha convertido en un ser de carácter sexual tan diferenciado como sus aristocráticas peculiaridades y costumbres.

Vampirismo y Licantropía

Ramón Hervás

En la Antigüedad fue muy generalizada la asociación de la sangre con la fuerza y la vida. No es inverosímil encontrar que en diversas culturas se consumía sangre, se ofrendaba a los dioses o se regaba la tierra con ella.

Esta asociación guarda estrecha relación con la aparición, en la imaginación de los pueblos, de seres que se alimentaban de sangre. Estos entes a quienes designamos "seres vampíricos de la Antigüedad" son el antecedente histórico y cultural del que llamamos "vampiro de la Edad Media" o medieval, surgido siglos después en Europa. Varias de las características del vampiro medieval son perfiladas en su precursor de la Antigüedad, como el consumo de sangre, el hábitat en lugares desolados o relacionados con la muerte y la vida nocturna.

El vampiro medieval nace entonces del cruce de las ideas antiguas sobre la sangre y los "seres vampíricos" con las concepciones de la religión imperante en el Medioevo. El cristianismo puso su sello en estos entes que entonces no eran un espécimen distinto al hombre, eran el hombre mismo, transformado y maldito por algún pecado a no estar ni vivos ni muertos, a ser *no muertos*. La herencia hebrea, en el sustrato de la religión cristiana, de entender el consumo de la sangre como una afrenta a la divinidad hace que la sentencia radique en seguir pecando y condenando a otros a sufrir idéntica condición de forma eterna. Solo almas valientes y piadosas podían librar al *nosferatu* de su castigo propinándole la muerte. Además de los "seres vampíricos de la Antigüedad" y del "vampiro de la Edad Media" coexisten en el imaginario de muchos pueblos los "seres vampíricos de leyenda", que son entes sin una ubicación temporal precisa pero ampliamente difundidos en varias culturas.

En el siglo XVIII, a pesar de la condena de los racionalistas, el vampiro ocupaba cada vez más espacios: de las leyendas y consejas locales a los informes de médicos, de funcionarios reales y de tratados sobre magia. Se escribía sobre el *no muerto* desde variados puntos de vista. Estableciendo una cronología delimitamos las siguientes etapas en el desarrollo del personaje en la literatura, que son las siguientes:

1. El vampiro mítico.

2. El vampiro pre-romántico.

3. El vampiro del romanticismo.

4. El vampiro decimonónico.

Puntualizados esos períodos llegamos a la obra *Drácula* (1897) que congrega los aportes de la literatura decimonónica con leyendas, mitos y personajes históricos, convirtiéndose así en el texto de vampiros más importante y en el modelo de este monstruo en la modernidad. De la citada novela extrajimos una serie de características que denominamos "Los siete signos del vampiro", a nuestro entender las particularidades propias de estos seres en la literatura moderna. Los mencionados signos son:

1. La sed de sangre.

2. El erotismo.

3. La soledad.

4. Los rostros.

5. El demonismo.

6. La maldición.

7. La perennidad.

Con lo anterior, construimos un concepto de vampiro, que señala que un vampiro en la literatura es *un ser visible, tangible, maldito, maligno, nocturno, perenne, de apariencia humana, y que se alimenta de sangre*. Goza de ciertos poderes, como el dominio sobre las tormentas y la metamorfosis, pero también es vulnerable a la luz del sol y a los símbolos religiosos, entre otras cosas. Existe sin alma bajo una condición que no es ni de vida ni de muerte, que es su condena; y su actividad y su refugio se hayan limitados a la noche, a las ruinas, a la desolación y a los cementerios. Su lapso de existencia es perenne, pero puede ser absuelto a través de la muerte, que redime a su esencia cautiva. No le es dado liberarse a sí mismo, así que esa tarea deben asumirla sus potenciales víctimas, que corren el riesgo, si fallan, de convertirse a su vez en *espectros*.

Además, establecimos la categoría de "seres vampíricos de la literatura" para diferenciar a los vampiros de otras entidades que, teniendo algunas características de los *no muertos*, no llegan a constituirse en un *nosferatu*.

Luego de fijar los fundamentos de estudio, aplicamos dichos conceptos al relato oral de *El mosquito-hombre,* de los Guaraunos, y a los cuentos *Tristán Cataletto* (1893) de Julio Calcaño; *El Vampiro* (1931) de Antonio Reyes; *Metamorfosis* (1988) de Wilfredo Machado; *Criaturas de la noche* (2000) de Israel Centeno; y *Vampiros al sol* (2010) de María Teresa Fuenmayor Tovar; y luego a la novela *Un vampiro en Maracaibo* (2008) de Norberto José Olivar.

Como resultado, nos encontramos con que existen elementos suficientes para considerar a *Un vampiro en Maracaibo* como una "novela de vampiros", combinando elementos clásicos, aportes de obras más recientes y aportes propios. Y en lo que respecta a los demás textos tenemos que *El mosquito-hombre* es un "ser vampírico" de la Antigüedad, por lo que sería un "vampiro mítico" de la literatura. El relato *El Vampiro*, es de un "ser vampírico" de nuestra literatura. A su vez *Metamorfosis* y *Criaturas de la noche* son relatos netamente vampíricos modernos; y finalmente *Vampiros al sol* es una ficción con alusiones vampíricas.

Se desprende de lo anterior que la literatura venezolana cuenta con un corpus interesante en lo que respecta a los *no muertos*, que abarca varias formas de expresión. Mito, cuento y novela ven transitar al *nosferatu* en nuestras fronteras, con trasformaciones propias de cada época pero siempre surgiendo periódicamente, como la luna en las noches.

Bibliohemerografía

Bibliografía directa

Centeno, Israel. (2011). *Criaturas de la noche*. Caracas: Editorial Arte.

Fuenmayor Tovar, María Teresa. (2010). *Vampiros al sol y otros cuentos.* Maracaibo: Proyecto Expresiones.

Literaturas indígenas venezolanas. (1980). Caracas: Monte Ávila Editores.

Machado, Wilfredo. (1988). *Contracuerpo.* Caracas: FUNDARTE.

Olivar, Norberto José. (2008). *Un vampiro en Maracaibo.* Caracas: Editorial Alfaguara.

Reyes, Antonio. (1977). *Cuentos Brujos y Vuela el Maleficio.* Cali: Editorial Perfiles Venezolanos.

Sandoval, Carlos. (2000). *Días de espantos (cuentos fantásticos venezolanos del siglo XIX)*. Caracas: Comisión de Estudios de Postgrado, Facultad de Humanidades y Educación, UCV.

Bibliografía indirecta

Aristófanes. (2007). *Comedias III*. Madrid. Editorial Gredos S.A.

Bajarlía, Juan Jacobo. (1992). *Drácula, el Vampirismo y Bram Stoker*. Buenos Aires: Editorial Almagesto.

Bataille, Georges. (1981). *La literatura y el mal.* Madrid: Taurus Ediciones, S.A.

Belinsky, Jorge. (2007). *Lo imaginario: un estudio.* Buenos Aires: Ediciones Nueva Visión.

Borges, Jorge Luis. (1980). *El libro de los seres imaginarios.* Barcelona: Editorial Bruguera, S.A.

Bravo, Víctor. (1993). *Los poderes de la ficción.* Caracas: Monte Ávila Editores Latinoamericana.

Bravo, Víctor. (1999). *Terrores de Fin de Milenio.* Mérida: Ediciones el Libro de Arena.

Ceserani, Remo. (2004). *Introducción a los estudios literarios.* Barcelona: Crítica.

Cuentos del Vampiro. (1989). La Habana: Editorial Arte y Literatura.

Dekonski, A. (1966). *Historia de Grecia.* México: Editorial Grijalbo, S A.

Di Nola, Alfonso. (1992). *Historia del diablo.* Madrid: EDAF.

Ferrater Mora, José. (1982). *Diccionario de Filosofía abreviado.* Barcelona: Pocket Edhasa.

Franco, Mercedes. (2005). Diccionario de fantasmas, misterios y leyendas de Venezuela. Caracas: Editorial CEC, SA.

Frazer, James George. (1981). *La rama dorada.* Madrid: Fondo de Cultura Económica

Graves, Robert. (1960). *Los mitos griegos I.* Madrid: Alianza Editorial S. A.

Graves, Robert. (1969). *Los Mitos Hebreos. El Libro del Génesis.* Buenos Aires. Editorial Lozada S. A.

Hervás, Ramón. (1999). *Vampirismo y Licantropía.* Madrid: Ediciones Rio Nuevo.

Homero. (1977). *La Odisea*. México: Editores Mexicanos Unidos S.A.

Hurwood, Bernhardt J. (1974). *Pasaporte para lo sobrenatural*. Madrid: Alianza Editorial.

Le Fanu, Joseph Thomas Sheridan. (2002). *Carmilla y otras alucinaciones*. Buenos Aires: Ediciones Librerías Fausto.

Lovecraft, H.P. (1974). *La sombra más allá del tiempo y otros cuentos*. Barcelona: Barral Editores.

Olivares Figueroa, Rafael. (2000). *Folclore Venezolano*. Caracas: Grupo Editorial Alfa.

Pulido Zambrano, José Antonio. (2012). *El horror como motivo en el cuento latinoamericano y del Caribe*. Caracas: Fondo Editorial el perro y la rana.

Real Academia Española. (2009): *Diccionario de la lengua española* (22.a ed. 2001). México: Talleres gráficos Monte Albán.

Santa Biblia. **(1995).** Corea: Sociedades Bíblicas Unidas.

Schalk, Gustav. (1958). *Leyendas de los dioses y de los héroes romanos*. Barcelona: Editorial Labor, S. A.

Stoker, Bram. (1999). *Drácula*. Bogotá. Editorial Oveja Negra.

Stoker, Bram. (2001). *Drácula*. Chile. Edición Electrónica: El Trauko.

Toro, Fermín. (1979). *Paginas escogidas*. Barcelona: Los libros de Plon.

Vampiros y otros seres inquietantes. (2009). Madrid: Es Ediciones.

Vicuña Cifuentes, Julio. (1910) *Mitos y supersticiones recogidos de la tradición oral*. Buenos Aires: Imprenta Universitaria.

Von Hagen, Víctor W. (1976). *Los mayas*. México: Editorial Joaquín Mortiz S.A.

Referencias electrónicas

González, José Luis. (2008). *Orígenes del vampirismo.* http://www.thecult.es/Cronicas/origenes-del-vampirismo-el-vampiro-romantico/Los-primeros-vampiros-literarios.html.

Beringheli, Sebastián (*Aelfwine*). http://www.*elespejogotico.blogspot.com*.

Índice

www.ingramcontent.com/pod-product-compliance
Lightning Source LLC
Chambersburg PA
CBHW051452250726
48655CB00001B/380